AF415313

COMENTARIO DE COLOSENSES

Por Alfonso Izaguirre Martínez

A mis padres, deseo que mi dedicatoria muestre un poco de lo mucho que estoy agradecido con ustedes por orar por mí y llevarme a los Pies de nuestro Señor Jesucristo, los amo inmensamente...

AGRADECIMIENTOS

- Quiero dar las gracias en esta obra a todos los que la hicieron posible y me apoyaron a compilarla. A Tatiana Ojeda y su familia; Ha sido un regalo excelso de Dios haberlos conocido y permitirme una amistad como la que tenemos, iniciar un ministerio de enseñanza a los niños, tomar conferencias, estudiar la Palabra juntos; voy aprendiendo más de Dios, por medio de la devoción que ustedes tienen hacia Él.

- A mis hermanos, Ariann y Toño, son mi energía para caminar en El Señor a cada paso. Escucharlos orar y leer en la habitación me mueve a también hacerlo. Sin duda, son un regalo de nuestro Señor Jesucristo para hablar, escuchar, y buscar a Cristo en todo tiempo. Cuento siempre con ustedes con un par de oídos.

- A Patricio Huitrón y Angie Trejo, son un matrimonio asombroso y ejemplo a mi vida de amor completo en Cristo (Col. 1:8), me han apoyado en todo mi andar en Cristo con su consejo, sus oraciones y su sustento en los momentos más difíciles de mi vida, los amo.

- A Emiliano Huitrón y Aarón Cruz, son mis

hermanos del alma, sus clases de teología y comentarios han completado satisfactoriamente esta obra. Puedo decir de ustedes que Dios los puso en mi vida como los compañeros que necesitaba para amar y ser amado en el puro amor del Señor. No me canso de orar por ustedes y colaborar con ustedes para ganar almas para Cristo.

- A Franco y Ruth Pérez Tinoco, mis mentores; me llevaron de la mano en mis primeros pasos en la fe, me guiaron en mis dudas, me presentaron el Evangelio Auténtico de nuestro Señor y Salvador Jesucristo y, ahora, sigo aprendiendo de ustedes, gracias infinitas; sin ustedes, esta obra nunca hubiese dado inicio.

- A los ancianos de Iglesia Cristiana de la Gracia, mis pastores durante mis primeros años como cristiano; son mis maestros de Biblia y agradezco a Dios que use sus vidas para proclamar fiel y verazmente la Palabra de Verdad, en sus vidas se ve la abundancia de Su Palabra (Col. 3:16) y se demuestra en cada aspecto de ellas; gracias infinitas a Dios por permitirme conocerlos y preguntarles sinfín de dudas que quedaron resueltas y se plasmaron en esta obra.

- A mi pastor actual, el Hno. Sergio López de

Iglesia Cristiana Renovación; Dios lo usa grandemente en sus sermones, siga enamorado de Dios, porque nos transmite esa pasión por las Escrituras a quienes lo escuchamos. Gracias por ser mi mentor estos últimos meses, por enseñarme día a día lo que sabe, por seguir orando por mi y motivarme a entregar mi vida por completo al servicio de Dios, le amo, pastor.

- A mis amados alumnos, son mi inspiración cada día a continuar estudiando, aprendiendo y conociendo a nuestro Señor, a fin de compartirlo con todos ustedes. Soy yo, finalmente, quien aprende de sus enseñanzas y deseo que por mucho tiempo continúe así. Amo escucharlos y verlos crecer, amo compartirles la Palabra de Dios; los amo a ustedes.

- Al Lic. Aarón Lara Sánchez por aceptar escribir el prólogo de este libro. Sin duda, he aprendido de usted que Dios usa a sus hijos en donde Él desea, para predicar en un púlpito y para concertar un cambio en el país, ¡incluso en varias naciones del mundo!; es un ejemplo a seguir, Dios lo bendiga enormemente.

PRÓLOGO

En el año 2008, conocí a Alfonso Izaguirre Díaz de una manera singular. Un sábado por la mañana, había llevado a mi hijo a realizar su servicio militar y venía conduciendo hacia mi oficina cuando mi teléfono sonó y al contestar la persona que llamaba, escueta y firmemente, me dijo: -"¿usted es Aarón Lara?"-. Sí, contesté tratando de reconocer la voz. Entonces dijo: -"en cinco minutos le van a llamar de la Escuela X (por razones obvias no diré el nombre), y van a pedirle una cita, por favor, atiéndalos"- y colgó.

Intrigado y tratando de adivinar quién había llamado, sonó nuevamente el teléfono y, efectivamente, era la directora de la escuela que me habían advertido y me pidió una cita urgente para presentarles el programa "Valores Reales, sembrando una semilla" que es un programa que desarrollamos para establecer una cultura de valores en el salón de clases desde preescolar hasta nivel universitario, que era el caso de la escuela que llamaba.

Acordamos la cita y, el día fijado, la maestra me comentaba que los niveles de indisciplina eran tan graves, que el padre de una de sus estudiantes había amenazado con cerrarles la escuela si no tomaban medidas firmes para corregir el comportamiento de los alumnos, les había propuesto capacitar a los maestros con el programa Valores Reales y les pidió que me contactaran. Lo que más le preocupaba a la maestra es que ese padre de familia, además de tener un carácter muy firme, trabajaba en la Cámara de Diputados.

El primer día de la capacitación, se me acercó un hombre de baja estatura y con una gran sonrisa me tendió la mano y me dijo: -"soy Alfonso Izaguirre, yo le llamé por teléfono, gracias por venir"-. Al platicar con él descubrí a un hombre profundamente cristiano, preocupado por sus hijos y por México, apasionado y resuelto, con quien he construido una amistad por estos 12 años viviendo aventuras de fe extraordinarias para establecer los valores del Reino en la sociedad.

Cuando conocí a Alfonso, su hijo, tenía solo 10 años, hoy es un joven de 22 años vivamente apasionado de la fe y que sorprendentemente ha escrito un libro que es un desafío para cualquier autor, pues se trata de una exégesis sobre la carta de Pablo a los Colosenses.

Alfonso Izaguirre Martínez es un egresado universitario en ingeniería en sistemas, sin embargo, ha desarrollado un profundo interés por el estudio bíblico y se ha avocado a él de una manera responsable, disciplinada, sistemática y como fruto de ese trabajo hoy tenemos en nuestras manos el primer escrito (y esperamos muchos más) de este joven autor.

Alfonso escribe no solo desde la lectura y la investigación; lo que tenemos en nuestras manos hoy, es fruto de trabajo colectivo, de reuniones de estudio bíblico que lidereaba Alfonso y en el que poco a poco fueron trabajando, verso a verso, esta carta que tenemos exponenciada como fruto de este esfuerzo.

La ciudad de Colosas no existe hoy día, ni tampoco hay iglesias cristianas, pero las verdades profundas que encontramos en las páginas de esta carta siguen impactando de manera sobrenatural a los creyentes del siglo XXI. Esta carta es, sin embargo, un importante recordatorio de la trascendencia del cristianismo para la sociedad y que, de no cumplir ese propósito puede perderse.

Colosas era parte del circuito de congregaciones diseminadas por el Asía menor, la actual Turquía. Practicamente no había una sola ciudad que no tuviera una congregación y por eso resulta lógico que fuera la cuna de la iglesia gentil, de los padres apostólicos y de los credos universales. En esas tierras se encontraban las siete iglesias a las que el Ángel dirige las cartas en el Apocalipsis. Las iglesias de Éfeso, Esmirna, Pérgamo, Tiatira, Sardis, Filadelfia y Laodicea (la más cercana geográficamente a Colosas) recibieron mensajes, en su mayoría de amonestación, llamándolas al arrepentimiento pues de otra manera "vendré pronto a ti, y quitaré tu candelero de su lugar, sino te hubieres arrepentido".

Hoy día no hay vestigios del evangelio. La religión oficial de Turquía es el Islam y el 90 por ciento de sus habitantes son musulmanes; el cristianismo ha practicamente desaparecido allí, sólo hay un 2 por ciento de la población cristiana. Fue quitado el candelero de su lugar. El estudio de la Escritura es vital para que la iglesia cumpla su propósito y por eso, esfuerzos de este tipo son bienvenidos.

Me gozo por prologar este estudio y confío que habrá más trabajos como éste, escritos por jóvenes como Alfonso, que firmemente mantengan en su corazón como su blasón: "Se fiel hasta la muerte y yo te daré la corona de la vida".

Lic. Aarón Lara Sánchez

Finales del verano de 2020.

INTRODUCCIÓN AL COMENTARIO Y BOSQUEJO

Este comentario está dividido entre los distintos bloques que he utilizado para compartir la carta en un estudio bíblico. Por la misma razón, he decidido anteponer este bosquejo a modo de índice, junto con sus respectivas referencias. El objetivo es que tengan ustedes una manera de conocer qué versículos son estudiados cada sermón; si su plan es leer el comentario junto con la carta -o mejor dicho, la carta, junto con el comentario-, leerlo 'de tapa a tapa' es el camino a seguir. Espero que disfruten mucho y puedan aprender tanto de la Palabra de Dios, como su servidor ha podido hacerlo. Que Dios les bendiga.

BOSQUEJO

INTRODUCCIÓN A LA CARTA Y SALUTACIÓN (1:1-2).

'*Pablo, apóstol de Jesucristo por la voluntad de Dios, y el hermano Timoteo, a los santos y fieles hermanos en Cristo que están en Colosas: Gracia y paz sean a vosotros, de Dios nuestro Padre y del Señor Jesucristo.*'

Dios cuida a su pueblo (1.1-2).

Todas las salutaciones Paulinas son muy similares; sin embargo, las iglesias a las que escribe son muy distintas. Es por eso que debemos detenernos a conocer la situación de las mismas para comprender la carta.

En el caso de Colosas (actual Turquía), encontramos una ciudad que, antes de la fundación de Laodicea y Heriápolis (ambas a diez millas de su centro), era la capital comercial terrestre entre Éfeso y el valle del Éufrates, gozando de prosperidad y riquezas culturales. Para darnos una idea de la fuerza comercial de esta ciudad, podemos destacar que llegaba a ser comparada con Corinto, Creta o Éfeso en cuanto a comercialización; era un nexo entre Europa y Asia. Desde su fundación, Laodicea sustituyó completamente a Colosas, volviéndola una ciudad pobre y limitada.

Para darnos una idea de la importancia que pudo llegar a tener Colosas, Heródoto escribió que Jerjes I -conocido como Asuero en el libro de Ester- estuvo en Colosas en el 481 a.C. (Heródoto VII.30) y Ciro el Joven -Sátrapa de Lidia- marchó por Colosas en el 481 a.C. (Anales de Jenofonte I.2, 6). Para la cultura de aquel tiempo, que la ciudad donde vivían fuera visitada por algún hombre de renombre, daba una reputación, un valor, un nombre.

Muchos judíos vivían allí (debido a los diversos exilios que vivieron y el actual dominio romano sobre ellos) y, aunque muchos siguieron el cristianismo el primer siglo, otros apelaron a judaizar el cristianismo, volviendo a las obras de la Ley; entre la cultura helénica-romana surgieron corrientes contrarias al cristianismo, principalmente dos: (1) La adoración a los ángeles; probablemente debido a una inundación que hubo en la ciudad, la cual fue dispersa -según los helénicos- por ángeles de Dios mismo y (2) el gnosticismo; corriente que apelaba a la iluminación individual -como el Montanismo-. Ésta última tuvo varias herejías entre sus distintas enseñanzas, como el docetismo (separan a Cristo de Jesús) o el dualismo (si Dios es inmensamente bueno, para mantener un equilibrio, debe de haber un Satanás igual de inmensamente malo). Veremos, a través del estudio de esta carta, como el Espíritu Santo -por medio de Pablo, en el 60-62 y apresado en Roma- ataca a las diversas herejías, dejando solamente a Cristo y su Cruz en el reflector.

Para este primer capítulo, nos concentraremos en los primeros dos versículos, donde Pablo y Timoteo se presentan como los autores, y dan paso a los destinatarios, quienes son los hermanos colosenses.

Pablo estaba encerrado en Roma en ese momento, Colosas estaba hundida en pobreza económica, social, cultural y religiosa, la persecución romana era intensa y no permitían congregaciones o escritos cristianos. Para ver esto, aplicamos estos dos versículos al cuidado que tuvo -y tiene Dios- por el mensajero (v.1) y por los destinatarios (v.2).

Dios cuida del mensajero.

Pablo fue llamado a ser **apóstol de Jesucristo** (cp. Hch. 9:10-16). La palabra 'apóstol' viene del término griego *apostolos*, de donde sale el vocablo -y todo lo referente a- 'postal'; literalmente es 'enviado'. Sin embargo, en contexto, el apóstol es aquel comisionado para hablar con la misma autoridad que aquél que lo envió. Cristo 'apostoló' doce hombres (algunos comentaristas no consideran a Judas, sin embargo, Mateo, Marcos, Lucas y Juan sí lo hacen) en su ministerio terrenal para testificar de su muerte y resurrección (Mr. 3:13-19) y dos hombres más están registrados en la Biblia, Matías (Hch. 1:26) y Pablo (Hch. 9:1-19).

Ahora bien, no cualquiera ser apóstol, lamentablemente han surgido neo-apóstoles cuyo sustento bíblico es nulo. Esto por una razón simple; los requisitos del apostolado fueron descritos por Pedro; el apóstol debía de haber presenciado el ministerio terrenal de Jesucristo, su resurrección y su ascensión al Cielo (Hch. 1:21-22). Nadie viviendo en el s. XXI puede ser apóstol de Jesucristo, el ministerio apostólico cesó con la muerte de Juan (95-97 d.C.).

Con esto como argumento, tampoco se trata de que Pablo aplicó para su apostolado, él escribe que fue **por la voluntad de Dios**. La palabra 'voluntad' es *thelematos* (que proviene de *thelema*, determinar), significa 'algo que ha sido determinado hecho de algún modo'. Es decir, no sólo era un deseo divino que Pablo fuera apóstol, Dios lo había determinado (cp. Gál. 1:1, enf. Hch. 9:15). Nótese que, en Hechos 9:10-16 Pablo es mencionado de manera indirecta (él no es actor en la escena), sino que Dios es quien va detallando Su Plan en su apóstol. Él es Soberano al escoger a quien usar para Su Plan perfecto (Ef. 1:11).

Pablo no fundó la iglesia en Colosas (Col. 1:4, 7-8; 2:1). Se cree que fue Epafras (Col. 1:7, 4:12) seguramente convertido en el tiempo que Pablo estuvo en Éfeso (Hch. 19). Sin embargo, el mensaje de la Cruz debió ser el mismo. (Gál. 1:8, cp. Gál. 1:2).

Un profesor del seminario donde tuve la dicha de estudiar nos contaba de una iglesia de la que él escuchó, la cual puso un letrero que decía 'Nosotros predicamos a Cristo crucificado' y, al ver la poca reacción de la audiencia, fueron modificando el mensaje; 'Nosotros predicamos a Cristo' y tampoco llamó la atención, 'Nosotros predicamos' fue insuficiente, por lo que terminaron dejando sólo 'nosotros'. No importa en qué iglesia te congregues, el mensaje debe ser el mismo (1 Co. 1:23-24; 2:2). Queda anexar que Pablo no compartió en la iglesia de Colosas, aunque ellos sí lo conocían (Col. 4:2-3). Él (Pablo) no podía visitar Colosas para dar este mensaje puesto que estaba preso mientras escribía la epístola (Hch. 28:16, 30-31).

Como toda la Escritura es inspirada (2 Tim. 3:16), lo que Pablo **y el hermano Timoteo** escriben son las Palabras del Espíritu Santo para la iglesia de Colosas (2 Ped. 1:21 cp. 1 Co. 3:5, 'siervo' es diakonoi) y para nosotros. Aquí cabe aclarar que el Espíritu Santo dejó la Biblia como Su Mensaje y Revelación total y suficiente (Heb. 1:1-2). No necesitamos de ningún intérprete externo (contamos con la Biblia), revelaciones en sueños o profecías (contamos con la Biblia), ni mucho menos libros que pretendan traer sabiduría pero que nieguen a las Escrituras (contamos con la Biblia).

Dios cuida de los destinatarios

Es la única vez en toda la Biblia que se menciona esta ciudad explícitamente. Ahora, con el contexto de las corrientes que atacaban Colosas (idolatría a los ángeles, gnosticismo, judaización, humanismo, entre otros) surgen varias ideas de por qué Pablo escribió **a los santos y fieles hermanos en Cristo que están en Colosas**. La primera idea apela a un saludo normal, natural, habitual, simplemente Pablo estaba saludando a los habitantes en la ciudad. Sin embargo, salta que Pablo está escribiendo 'santos y fieles'.

La palabra fieles, en griego, (v.2 pistois, plural de pistos) significa 'aquel en quien reposa la fe'. En otras palabras, esta carta no es para corregir a los infieles, sino para exhortar a los piadosos hermanos (contrario a Gálatas, por ejemplo, cuyo objetivo era amonestar a los judaizantes que habían torcido el evangelio en Galacia). En el principal de los casos, esto resalta debido a que Pablo no pastoreó Colosas, por lo que no tenía un panorama completo de a quién exhortar y en qué sentido. Por otro lado, creemos que pudo haber escuchado de Epafras (cp. Col. 1:7) que había ya un sinnúmero de herejías que estaban en la ciudad, por lo que Colosenses puede entenderse como una carta de ánimo y, al mismo tiempo, que refuta las herejías cercanas a la zona; con respecto a los ángeles, él escribe (y lo estudiaremos) Colosenses 2:18; con respecto al gnosticismo, él escribe (y lo estudiaremos) Colosenses 2:8-3:4.

El saludo termina con palabras muy comunes en las epístolas paulinas. **Gracia [a vosotros]… de Dios nuestro Padre y del Señor Jesucristo** (charis en griego), apela al favor de Dios, en este contexto (puede significar agrado o felicidad en otros). Habla del favor inmerecido de Dios al salvarnos a pesar de nuestra condición inapta de lograrlo en nuestro propio esfuerzo (Rom. 11:6, cp. Rom. 3:24, Rom. 5:17, Gál. 2:21). Debemos tener muy en cuenta que Pablo estaba diciendo, en otras palabras, 'que la Gracia de Dios, ese favor inmerecido, siempre esté en sus mentes; ya lo tienen, recuérdenlo y permanezcan en él'. La palabra 'gracia' es mencionada 157 veces en el Nuevo Testamento, de las cuales, más de 70 son de Pablo, ahí vemos el peso que él le da a la Gracia de Dios en nosotros. El siguiente bloque (1:3-14) habla acerca de la Gracia de Dios al darles conocimiento.

Paz [a vosotros]… de Dios nuestro Padre y del Señor Jesucristo. Paz (eiréné en griego), significa un estado de total tranquilidad, completa calma y unidad. Cabe destacarse esto por el testimonio de Epafras (Col. 1:7); en una ciudad llena de herejías, contiendas comerciales con Laodicea, paganismos, enseñanzas filosóficas, humanismos, la paz de Dios debía de abundar. Es justo a lo que Pablo se refiere, debemos de mostrar tranquilidad, calma y unidad en medio de las divisiones en el mundo. Dios nos quiere hablar a través de Su Palabra y debemos atenderlo para que Su Palabra abunde en nosotros (Col. 3:16), debemos hacerlo de modo que nos comportemos como Pablo lo escribió en un principio: como hermanos 'santos y fieles'. *A Dios sea la Gloria*.

LA AUTENTICIDAD DEL CRISTIANISMO (1:3-12)

'*Siempre orando por vosotros, damos gracias a Dios, Padre de nuestro Señor Jesucristo, habiendo oído de vuestra fe en Cristo Jesús, y del amor que tenéis a todos los santos, a causa de la esperanza que os está guardada en los cielos, de la cual ya habéis oído por la palabra verdadera del evangelio, que ha llegado hasta vosotros, así como a todo el mundo, y lleva fruto y crece también en vosotros, desde el día que oísteis y conocisteis la gracia de Dios en verdad, como lo habéis aprendido de Epafras, nuestro consiervo amado, que es un fiel ministro de Cristo para vosotros, quien también nos ha declarado vuestro amor en el Espíritu. por lo cual también nosotros, desde el día que lo oímos, no cesamos de orar por vosotros, y de pedir que seáis llenos del conocimiento de su voluntad en toda sabiduría e inteligencia espiritual, para que andéis como es digno del Señor, agradándole en todo, llevando fruto en toda buena obra, y creciendo en el conocimiento de Dios; fortalecidos con todo poder, conforme a la potencia de su gloria, para toda paciencia y longanimidad; con gozo dando gracias al Padre que nos hizo aptos para participar de la herencia de los santos en luz*

Testimonios auténticos (1:3-8)

En el capítulo pasado concluimos en el v.2 que Dios cuida del pueblo a quien envía sus mensajeros (en el caso de esta carta, Colosas). En este pasaje, Pablo menciona que, **siempre orando por [ellos, da] gracias a Dios, Padre de nuestro Señor Jesucristo** por lo que ha escuchado de los colosenses 'santos y fieles' (v.2), un testimonio fiel, de cristianos auténticos, firmes. Lo que estudiaremos, entonces, es el testimonio que Pablo **[había] oído** de los hermanos por medio de Epafras (v.7) y cómo debemos nosotros buscar ese perfil, puesto que fuimos 'llamados a ser santos' (1 Co. 1:2).

Fe

De vuestra fe (*pistis*); este vocablo tiene diversos significados. Puede referirse al acto de creer en Dios, tener seguridad en Cristo Jesús y su sacrificio (cp. He. 11:1) Sin embargo, este acto no procede de nosotros -es decir, tú y yo no creemos por nuestra propia convicción-, sino de Dios (cp. Ef. 2:8). Tener fe es un sinónimo de 'ser cristiano' pues Cristo, a través de la fe, vive en nosotros (Ef. 3:14-19, énfasis v.17). Por medio de la fe, nos podemos acercar a Dios en confianza (Heb. 10:22).

A pesar de ser un don de Dios, está en nuestra

posesión, por lo que sus obras pueden ser débiles (Rom. 14:1), puede tener medida (Rom. 12:3) y puede crecer (2 Co. 10:15). Esto significa que los hermanos colosenses fueron atraídos a Dios, por Dios, a la fe en Cristo Jesús y Él los mantuvo allí; esta fe los aseguró en contra de cualquier herejía que se levantara en la zona, como lo fue el gnosticismo, el docetismo, el dualismo o como Pablo escribió a Tito, los judaizantes. Pablo había escuchado antes de los gálatas, quienes confiaban en Cristo, pero creían que la salvación era por fe y obras; contrario a los colosenses, en quienes su fe reposaba exclusivamente **en Cristo Jesús**.

Hoy día, hay varias amenazas gnósticas (recordamos que el gnosticismo es esa corriente filosófica que cree puro todo lo espiritual e impuro todo lo material, por lo que se separó a Jesús, de Cristo; en otras palabras, creían que Jesús era hombre, sólo Cristo es Dios; esto, evidentemente, es una herejía) como los mormones, quienes creen que Dios - Elohim- es un hombre y que, con una de sus esposas, concibió a Jesucristo, siendo Hijo de Dios, mas no uno con Dios Padre, negando así la trinidad; otro ejemplo son los Testigos de Jehová, quienes aseguran que Jesús es el Hijo de Dios, pero que no es Dios, siendo el arcángel Miguel, primogénito entre los creados. Sin duda, Jesús tenía razón, varios cristos se levantarían para engañar a cuantos pudieran (Mt. 24:23-24), pero Dios nos ha mantenido en la fe por medio de sus maestros (1 Tim. 1:3-4).

Amor por los hermanos

Y del amor que tenéis a todos los santos. Ágape es el término utilizado por Pablo en este punto. Sabemos que existe el amor filos (fraternal, en amistad) y el amor eros (sexual, íntimo), sin embargo, ágape apela al 'amor de hombre a hombre, especialmente de cristianos a cristianos, unido y generado por su religión' -basado en la referencia de Strong-. Es una unión que sólo Dios puede conseguir y consiguió por medio del sacrificio vivo de Jesucristo (Jn. 15:12-13) aparte de ser un mandato (v.12). Una muestra viva de que tu y yo tenemos al Espíritu Santo es por medio de su fruto, que incluye al amor (cp. Gal. 5:22-23).

Más adelante, en el v.8, Pablo da a entender que el Espíritu Santo es la fuente del amor entre los hermanos (cp. Rom. 5:5). Hablando de Epafras, **quien también nos ha declarado vuestro amor en el Espíritu**. En varias ocasiones se nos ha mandado, así como a los colosenses a amarnos los unos a los otros (Lv. 19:18; Mt. 22:39; 1 Juan 4:7-8, 21); de hecho, una de las principales exhortaciones que Pablo hace a los corintios es que, por más espirituales que fueran, debían hacer las cosas con amor, de otro modo, no servirían de nada (cp. 1 Co. 13:1-3).

Ahora bien, Pablo habla específicamente de amor por los santos, es decir, amor por aquellos que son salvos (1 Jn. 4:12); esto no descarta el amor a los enemigos/incrédulos (Mt. 5:44), sino que distingue la unión de este amor a través del Espíritu Santo (Col. 1:8). Y no es que el amor entre los conversos es de mayor calidad, sino que es más cercano, pues el lazo que nos une es la fe en Cristo Jesús.

Conocimiento

El testimonio auténtico que involucra conocimiento es en la enseñanza y, en quien enseña. El texto comienza **a causa de la esperanza que os está guardada en los cielos**, es decir, de Jesucristo, su muerte, sepultura, resurrección y segunda venida en gloria **de la cual ya habéis oído por la palabra verdadera del evangelio**. Nótese 'Palabra verdadera', el original griego es *aletheia* y se define como 'lo que es verdad sin consideración', es decir, absoluto, cierto y correcto. Con esto, la implicación es que recibían la verdad, la enseñanza correcta "del evangelio" (v.5), la sana doctrina (2:1-10, 2 Tim. 4:1-2 cp. 2 Tim. 4:3-4, 'falsas doctrinas'). Pablo habla de que esta sana doctrina **ha llegado hasta [ellos], así**

como a todo el mundo, y lleva fruto y crece también en [ellos], desde el día que [oyeron] y [conocieron] la gracia de Dios en verdad; ¿Cuál es la gracia de Dios en verdad? la Palabra de la Cruz (1 Co. 1:18). Nótese, igualmente, que la expresión 'conocisteis/comprendisteis [LBLA]' (v.6) es epiginoskó y significa, en griego, 'llegar a ser entendido en, conocer claramente, tener conocimiento absoluto de, reconocer algo por lo que es'. Entonces, por implicación, los colosenses 'fieles' (v.2) habían ya distinguido y entendido la Palabra Verdadera de la Gracia de Dios. ¿Cómo? Escudriñando las Escrituras (cp. Jn. 5:39, Hch. 17:11). Es muy importante, por lo que vemos, entonces, que mantengamos siempre presente la sana doctrina en los púlpitos; podrá ser muy fácil equivocarse cuando se predican cosas fuera de contexto, pero, la exposición fiel de la Palabra no deja cabos a que el predicador opine, simplemente se expresa a sí misma como la verdad absoluta (Sal. 19:7-8).

El conocimiento, obviamente, también debe ser en quien lo comparte. Pablo continúa: **como lo habéis aprendido de Epafras**. El término 'aprender' viene de manthanó que es 'crecer en conocimiento, escuchar, ser informado' e implica haber escuchado algo verdadero (v.6b) y retenerlo. En otras palabras, los colosenses sabían quién era Epafras, su fidelidad a Cristo y, por esa razón, confiaban en lo que él exponía. Ahora bien, esto no exentaba a Epafras de enseñar cuanto quisiera y, mucho menos, a los colosenses de confiar ciegamente en todo lo que él enseñaba; realmente, el sentido del texto aquí es que ambas partes hacían lo correcto en escudriñar las Escrituras tanto para enseñar, como para comprobar la autenticidad de lo enseñado (Jn. 5:39; Hch. 17:11).

Pablo se refiere de Epafras como **nuestro consiervo amado**. De la palabra 'siervo' en griego (duolos) sale consiervo y tiene la misma connotación, es decir, era 'otro esclavo de Jesucristo' (cp. Rom. 1:1). A pesar de no conocer su testimonio, la tradición cuenta que fundó y pastoreó en Colosas (Col. 1:7; 4:18) y probablemente las iglesias de Laodicea y Heriápolis; Creemos que, al ver la cantidad de herejías alrededor de la ciudad (gnosticismo y culto a los ángeles), decidió emprender el viaje personalmente hasta Roma sólo para pedir consejo a su pastor, Pablo. Esto es lo que demuestra un siervo, un esclavo de verdad. Solo un verdadero esclavo de Jesucristo está dispuesto a hacer todo lo que Él mande (cp. Lc. 17:10).

Epafras era **un fiel ministro de Cristo para vosotros**. La palabra 'fiel' la estudiamos en el capítulo pasado, cuyo significado es 'alguien en quien reposa la fe'. Ahora, la palabra 'ministro' viene del griego diakonoi que es 'mesero, el que presenta algo sin intervención'; en otras palabras, Epafras era un expositor del Evangelio de Cristo, un simple mesero. En el contexto histórico, el mesero no se llevaba el crédito por el plato que servía e, incluso, no se le agradecía el servir el plato, pues era su trabajo; en otras palabras, la labor del mesero podía ser suplida por cualquier otra persona, no era importante su labor en la elaboración del plato, solo servía; Epafras daba el mensaje claro (2 Tim. 4:1-2) y, ¿qué mensaje era éste? Fil. 2:5-11, la humillación y exaltación del Señor Jesucristo, La Cruz de Cristo, Cristo y éste crucificado ¡Que belleza! ¿no es así?

Como advertencia hay que aclarar: Hay quienes no predican este mensaje, sino que son 'amadores de sí mismos' (2 Tim. 4:3-4), alegorizan la Biblia, 'sacan y meten' versículos, 'los usan con calzador' para que se apeguen a sus enseñanzas (2 Ped. 3:16) -algunas de ellas, incluso, heréticas-. ¿Ejemplos claros de una mala interpretación de las Escrituras? La doctrina de 'la palabra de fe' basada en Pr. 6:2 o, el purgatorio basado en Col. 1:24 y hasta el libro de mormón según Ez. 33. Es necesario entender que debemos interpretar correctamente la Escrituras, de otro modo, caeremos en el error de la apostasía. De este mismo modo, es necesario seguir poniendo el dedo en el mismo reglón.

Es impresionante el cuidado que Dios mostró a Colosas y a los santos allí. Tu y yo no somos colosenses, no somos contemporáneos a Pablo, pero La Palabra de Dios rebasa toda línea cronológica y cultural, es aplicable -en su correcta interpretación- a la vida de cada creyente. Como Pablo dijo a los corintios que fueron 'llamados a ser santos', ahora agradece a Dios por el testimonio de los santos en Colosas. Apliquemos eso a nuestra vida y testifiquemos, por medio de la fe, el amor y el conocimiento que es en Cristo Jesús, 'Señor de ellos y nuestro'. *A Dios sea la Gloria*.

Peticiones Auténticas (1:9-12)

Hemos visto cómo eran los Colosenses, santos y fieles (cp. Col. 1:1-2), hemos visto cómo dieron testimonio por medio de Epafras acerca de su fe, conocimiento y amor (Col. 1:3-8) y ahora Pablo responde a este testimonio al mostrar la oración que él -junto con sus compañeros en la prisión- elevaba por la iglesia de Colosas, lo comenta al decir que **por lo cual nosotros, desde el día que lo oímos, no cesamos de orar por vosotros**.

Esta oración por los colosenses es ejemplar. Muchas veces, creemos que nuestro 'estilo de orar' es bueno o, en un caso específico, 'inmejorable'. En octubre de 2018, una cantante muy conocida de música cristiana, Christine D'Clario, oró públicamente en un concierto por Julio Melgar -otro reconocido cantante-, quien en esos momentos estaba atravesando por el cáncer; dentro de su oración mencionó 'reclamamos tu promesa de salud… nos apoderamos de esa promesa… Señor, no tomaremos un no por respuesta para su sanidad'[1], solo seis meses después, en abril de 2019, Julio fallecería al perder la lucha contra el cáncer. El movimiento carismático en Latinoamérica nos ha enseñado a orar diciendo 'nosotros rechazamos', 'nosotros apelamos/tomamos', 'declaramos, decretamos, proclamamos', 'atamos y desatamos'. Como cristianos bíblicos debemos entender que todo esto es negar la Soberana Voluntad de Dios. Como una enseñanza contra nuestro 'estilo' peculiar de orar, Pablo presenta cuatro aspectos que debe llevar nuestra oración al Padre.

Pedir por conocimiento

Pablo habla, en su oración, **de pedir que [seamos] llenos del conocimiento de su Voluntad**. El término griego para 'conocimiento' es epignosis, que significa 'aprendizaje correcto, discernimiento completo', es decir, no solamente aprender por aprender, sino aprender para poner en práctica. Pablo, incluso, pide por el conocimiento de la Voluntad de Dios.

Ahora, ¿cuál es la Voluntad de Dios? Esta pregunta ha dado vueltas durante toda la historia de la Iglesia y, aunque la respuesta puede desarrollarse en tomos y tomos de tratados teológicos, podemos resumirlo de la siguiente manera: Conocerlo profundamente (Sal. 119:4, Jn. 14:15). Y ¿cómo conocer a Dios? Una vez más, esta pregunta puede desarrollarse más, puesto que conocemos a Dios desde su creación (Ro. 1:20) pero, ultimadamente, conocemos a Dios escudriñando las Escrituras (Jn. 5:39). La Voluntad Soberana de Dios siempre se cumplirá, pero en nosotros está conocerla o no, debemos orar para buscarla (Sal. 119:11-12, 27, 33, etc).

Con esto en mente, acerca del conocimiento, muchos creen que la teología es mala, que no debería estudiarse porque se puede 'sistematizar' a Dios. Recuerdo vagamente que un pastor de la iglesia a la que asistía de niño decía "La teología es mala porque Theos es Dios y logos es estudio; y a Dios no se le estudia, a Dios se le cree" y, junto con él, varias denominaciones salidas del movimiento carismático han optado por negarse a leer, meditar y estudiar con seriedad las Escrituras, basados erróneamente en 2 Co. 3:6 (en contexto, ese verso expresa que hemos sido vivificados en Cristo, por lo que no debemos volver a la Ley para la justificación; en ningún momento está condenando el conocimiento de Dios. Aún más, los vv.13-18 nos invitan a ver a Cristo mientras estudiamos las Escrituras, porque ahí vemos la gloria del Señor).

Si bien es posible caer en el error de 'encerrar a Dios en una caja teológica' por medio de la teología académica, también la teología liberal puede caer -y cae- en el error de no poner límites para entender qué proviene de Dios y que no (1 Jn. 4:1-2). No es difícil ver esto en iglesias donde gritan, hacen contorsiones, se caen durante las oraciones, se ríen, ladran, maúllan e incluso se avientan frutas como una 'manifestación del Espíritu'; no dudemos en que estas son blasfemias. Debemos, sin duda alguna, conocer a Dios a través del estudio para entenderlo (cp. Hch. 8:30b).

Más adelante en el texto, Pablo usa la palabra 'sabiduría' o sophia, uno podría creer que es sabiduría y listo. Sin embargo, Clemente de Alejandría nos dice que el término sophia era utilizado para 'el conocimiento de las cosas, tanto humanas como divinas, y de sus causas' (Stromateis 1.30.1). Cicerón la cataloga como 'la principal de las virtudes' (De officiis, 1.43). Para la cultura grecorromana, la sabiduría era el máximo de los logros, el hombre que era sabio en la sociedad estaba destinado al éxito rotundo, porque conocía.

Pablo dice a los colosenses que él ha pedido que los 'santos y fieles' (1:2) tengan el conocimiento de la Voluntad de Dios **en toda sabiduría… espiritual**, esta expresión es sinónimo de 'sabiduría de Dios', presentada en la idea de 1 Co. 1:21-24, en la que el apóstol habla de Cristo como el fin de todo conocimiento. Cuando Pablo menciona la **inteligencia espiritual** usa sunesis para inteligencia, y esta expresión es referente a entender conceptos y relacionarlos. En otras palabras, Pablo pedía porque los colosenses fuesen llenos del conocimiento de Dios y que lo apliquen, a pesar de estar rodeados de tantas herejías.

Nosotros, ¿hemos hecho eso? ¿hemos orado a Dios para pedir por conocimiento y aplicarlo prudentemente con nuestros hermanos en Cristo? Es necesario ver que Pablo, hasta ahora, no ha decretado ni declarado nada, pues pide sólo por conocer la Voluntad de Dios.

Pedir por nuestro actuar

Fuimos santificados y llamados a ser santos (1 Co. 1:2; 1 Ped. 1:13-16), y nuestro actuar lo debe reflejar. Recuerdo que una vez fui invitado a compartir a un grupo de jóvenes, en sólo cincuenta minutos, todo Mateo 5, fue una completa odisea. Pero, dentro del estudio de ese maravilloso capítulo entendí algo muy importante, Jesús estaba llamando a actuar correctamente la Ley mosaica, desde el interior; muchas veces, por otro lado, mi país -México- destaca por tener una población que busca burlar las leyes de algún u otro modo, esto no es actuar piadosamente.

Por eso, Pablo pide a Dios por el actuar de los colosenses, **para que [anden] como es digno del Señor**. Pablo, sin duda alguna, acaba de poner la vara muy alto, pues no solamente apuntó a que 'andemos piadosamente' o que 'andemos en nuestro constante imitar a Cristo', sino que lo llevó al más alto estándar, la perfección, ser dignos del Señor. Ahora, ¿cómo es esto?

Primeramente, **agradándole en todo**. Uno agrada a Dios al imitarlo, al ser un ejemplo de cómo Cristo vivió piadosamente entre nosotros, sin pecado, sin contiendas, en amor (1 Jn. 2:6, cp. Rom. 8:29, Ef. 1:4-5, 1 Co. 1:9). Ahora, no dice "agradándole sólo en sus obras" sino en todo, (Gál. 5:22-26). Es fácil considerar algunas obras buenas, ir a la iglesia, orar a diario y leer la Biblia todos los días para creer que estamos agradando a Dios en todo; sin embargo, la implicación de la palabra 'todo' -pas, en griego- es que nuestros pensamientos, nuestras obras, nuestra fe e incluso nuestro entorno debe ser agradable a Dios, piadoso.

Volviendo a la historia de la predicación de Mateo 5, Jesús nos enseñó ahí que lo que agrada a Dios no son las obras en sí mismas, sino la fe que las produce. Cualquiera puede quedar exento de no haber matado el día de hoy a un hombre y decir que agradó a Dios (Ex. 20:13) pero, ¿de odiar o enojarte contra alguien? ¿exentamos esa prueba hoy? (Mt. 5:22). De no ser así, debemos trabajar en nosotros para agradar a Dios en eso, y de paso, en todo lo demás.

Junto con lo anterior, **llevando fruto en toda buena**

obra. Esto implica no sólo 'quedarnos en la fe', sino ponerla en marcha. Ahora, estas buenas obras siempre son movidas por un deseo de ser como Cristo, no quedarnos como simples oidores, sino como hacedores de Su Palabra (Ef. 4:28; Gál. 6:9-10; 1 Ts. 5:15). El fruto que mostramos siempre es un reflejo del corazón, de las intenciones inmersas ahí; vale la pena examinarnos a nosotros mismos contra las Escrituras en este aspecto.

Finalmente, mas no menos importante, **creciendo en el conocimiento de Dios**. Como lo vimos antes, ¿Cómo crecemos nuestro conocimiento de Dios? Escudriñando las Escrituras ¿Cómo buscamos a Dios? Escudriñando las Escrituras ¿De quién o quienes aprendemos la Palabra de Dios? De quienes predican sólo las Escrituras. Crecer en el conocimiento de Dios está ligado íntimamente de aquellos que nos predican Su Palabra. Sin embargo, hombres van y vienen que enseñan cualquier otra cosa que no sea La Palabra de la Cruz. Tan grave es este problema, que hay casos de iglesias con escasos minutos de predicación y extensas horas gastadas en escuchar las vivencias del pastor; la iglesia se ha convertido para ellos en su diván para desahogarse, en lugar de ser el lugar donde se alimenta a los hermanos hambrientos del conocimiento de Dios.

Pedir por fortaleza

Sin duda, Dios nos da las fuerzas para pasar todas nuestras pruebas y aflicciones (cp. Fil 4:10-13). Recuerdo que, del verso anterior de Filipenses, di una pequeña predicación a mis alumnos - actualmente laboro en una escuela cristiana- y pregunté ¿qué significa este verso (v.13)? La respuesta casi inmediata de todos mis alumnos fue 'significa que todo lo podemos hacer por Cristo', ellos se referían a nuestras capacidades para conseguir metas y objetivos que nos pongamos en mente. Lamentablemente, el verso que estamos por estudiar puede sacarse de contexto del mismo modo.

Pablo aquí pide porque sean **fortalecidos con todo poder**. Esta expresión en específico es un énfasis (en griego utiliza la misma palabra, como diciendo 'fortalecidos con toda fortaleza'), lo que nos da a entender la necesidad que Pablo le da a esto. Ahora, ningún gimnasio provee tal capacidad, sino solamente **conforme a la potencia de Su Gloria**. Es Dios quien nos capacita para soportar las pruebas y adversidades con **paciencia y longanimidad** (cp. Stg. 1:2-4).

Realmente la petición que debemos hacer a nuestro Padre es por mantenernos firmes y en forma para resistir las pruebas. Como suelo decir en las predicaciones, ¡Cristo lo dijo! ¡Está en letras rojas! 'Bienaventurados sois cuando por mi causa os vituperen y os persigan, y digan toda clase de mal contra vosotros, mintiendo' (Mt. 5:11). Vamos a ser tachados, perseguidos, vituperados, molestados; no debemos orar por no serlo, sino para resistirlo.

La historia con mis alumnos terminó siendo un chiste local en las clases, puesto que ya siempre me dicen 'profesor, terminé mi examen, ¿sabe por qué? Porque todo lo puedo en Cristo que me fortalece'. Y, aunque con ellos ya es de broma -porque ya conocen el contexto correcto del verso-, muchos siguen orando a Dios para ser fortalecidos con el único objeto de cumplir su humana voluntad, no la divina y Absoluta Voluntad de Dios.

Dar acciones de gracias

Comúnmente somos llamados a que pidamos las cosas 'por favor' y que siempre demos las gracias. Hemos crecido en una educación que nos llama a agradecer a aquellos que nos favorecen, incluso si es una orden la que se cumple. Cuando vamos a un restaurante, damos gracias al portero por llevarnos a la mesa, damos gracias al mesero por atendernos, damos gracias al chef por la comida -cuando nos lo proponemos-, damos gracias al sujeto del aparcacoches por cuidar del automóvil y damos gracias a quienes nos acompañaron a comer.

Por otro lado, Dios nos ha creado, ¿por qué no habríamos de dar gracias? Dios lo ha hecho todo, Él es nuestro todo (Jn. 1:3), nos ha dado tanto cuanto tenemos y, más aún, está en constante cuidado de nosotros (Mt. 6:25-34). Dios ha hecho salir el sol sobre buenos y sobre malos nuevamente, hoy seguimos vivos, tuvimos alimento, vestido, familia. Estar agradecidos, aparte de ser un llamado, es un mandato (Sal. 100:4). Debemos llegar en oración, como dice Pablo, **con gozo dando gracias al Padre**.

¿Cuántas veces hemos llegado con nuestro Padre y no damos gracias, sino que solamente nos dedicamos a las plegarias y a las súplicas? Comúnmente, en nuestra mente, consideramos a Dios como un 'genio de la lámpara' donde Cristo nos otorgó una cantidad infinita de deseos y podemos pedir y pedir sin cesar. Creemos que todo lo que nos pasa es malo, que Él no está a nuestro cuidado y pedimos que Él nos vuelva a ayudar, que 'se acuerde de nosotros', en lugar de dar gracias porque la situación que atravesamos en ese momento nos ha acercado a Él de nuevo en oración.

En la Biblia encontramos múltiples hombres que agradecieron a Dios cualquiera que fuese su situación; Abel (Gén. 4:4) ofreció su ofrenda en agradecimiento por la provisión, Abraham (Gn. 12:7) agradeciendo a Dios a pesar de que Él lo mando salir de su casa y abandonar a sus padres, Isaac (Gn. 26) a pesar de la hambruna en la tierra de Gerar, Jacob (Gn. 28:18-21) aún después de haber huido de un posible asesinato por parte de su hermano, Moisés (Éx. 15:1-21; Sal. 89) al ver la poderosa mano de Dios al librarlos de la esclavitud en Egipto, Josué (Jos. 24:14-15), Gedeón, Elías, Eliseo, David, Salomón, Josías, Ezequías, Juan, Jesucristo mismo, sus apóstoles, los primeros cristianos, Pablo, Timoteo, Sóstenes, Epafras, Onésimo, Filemón, y muchos otros.

¿Por qué no, en lugar de quejarnos con Dios por lo que no tenemos, agradecemos por lo que tenemos? Sólo consideremos la mayor razón por la cual debemos estar agradecidos con Dios, **que [Él] nos hizo aptos para participar de la herencia de los santos en luz**.

En resumen, es importante definir nuestras oraciones de la manera correcta. No podemos acercarnos a Dios a exigirle cosas, 'arrebatarle promesas' (porque nadie en su sano juicio, creo yo, sería capaz de arrebatarle algo a Dios), incitarlo a hacer algo por beneficio propio, 'no aceptar un no por respuesta'; en otras palabras, no podemos acercarnos a Dios de la manera errada sino, con toda humildad y en devoción a Él, acercarnos como Cristo nos enseñó (Mt. 6:9-13). Hoy que terminas este capítulo, déjame invitarte a que hagas eso, ora a Dios, demos gracias por quién es, por lo que ha hecho por nosotros y por lo que Él hará, pues Él tiene el control, *a Él sea la Gloria.*

CRISTO, EL CENTRO DEL MENSAJE (1:13-23)

'el cual nos ha librado de la potestad de las tinieblas, y trasladado al reino de su amado Hijo, en quien tenemos redención por su sangre, el perdón de pecados. Él es la imagen del Dios invisible, el primogénito de toda creación. Porque en él fueron creadas todas las cosas, las que hay en los cielos y las que hay en la tierra, visibles e invisibles; sean tronos, sean dominios, sean principados, sean potestades; todo fue creado por medio de él y para él. Y él es antes de todas las cosas, y todas las cosas en él subsisten; y él es la cabeza del cuerpo que es la iglesia, él que es el principio, el primogénito de entre los muertos, para que en todo tenga la preeminencia; por cuanto agradó al Padre que en él habitase toda plenitud, y por medio de él reconciliar consigo todas las cosas, así las que están en la tierra como las que están en los cielos, haciendo la paz mediante la sangre de su cruz. Y a vosotros también, que erais en otro tiempo extraños y enemigos en vuestra mente, haciendo malas obras, ahora os ha reconciliado en su cuerpo de carne, por medio de la muerte, para presentaros santos y sin mancha e irreprensibles delante de él; si en verdad permanecéis fundados y firmes en la fe, y sin moveros de la esperanza del evangelio que habéis oído, el cual se predica en toda la creación que está debajo del cielo; del cual yo Pablo fui hecho ministro'.

La Maravillosa Obra (1:13-14)

Hasta ahora, hemos visto conceptos entre los colosenses tales como la fidelidad (Col. 1:1-2), el testimonio de un cristiano (Col. 1:3-8) y la oración ejemplar (Col. 1:9-12). Aunque todavía queda un punto por tocar en este primer gran bloque de la carta.

Dentro de la introducción a la carta a los colosenses vimos que uno de los problemas que nos enfrentábamos era a los que enseñaban la salvación por medio de la fe y guardando la Ley (en otras palabras, salvación por obras). Por más lamentable que suene lo siguiente, nuestras iglesias se llenan de enseñanzas iguales o peores, argumentando que la salvación se pierde (quizás creas en esto, permíteme expresar mis conclusiones en este capítulo); que es necesario -y nótese la intención de esa palabra- trabajar nuestra vida cristiana. Todo esto está contrario a lo que estamos a punto de estudiar.

Aquí, al final de la introducción -la introducción termina, según muchos teólogos, en el verso 14-, veremos una realidad enorme por la que Pablo da gracias (v.12), puesto que encontramos tres cosas que Dios ya hizo por nosotros sin nuestra más mínima intervención, y que apuntan directamente a la Cruz de Cristo.

Nos libró de la potestad de las tinieblas.

Pablo comienza describiendo lo que Cristo en la Cruz hablando de la libertad; argumenta que damos gracias a Cristo, **el cual nos ha librado**. La palabra que el apóstol utiliza para 'libró' (rhoumaí RVR60), Jesús la utilizó en el Padrenuestro (cp. Mt. 6:13 'líbranos de todo mal'); la palabra significa, literalmente, 'rescatar, acercar a uno mismo'. Mira que hermosa realidad encontramos aquí, Dios nos acercó a sí mismo, al mismo tiempo, alejándonos **de la potestad de las tinieblas**.

La potestad -que tiene paralelo con 'el reino', cp. Mt. 12:26- de las tinieblas es, en otras palabras, la ignorancia.

Conocí a una persona mientras estudiaba en la universidad, era un joven muy inteligente, conocedor de su carrera y, en sus propias palabras, alguien libre. Él era ateo y siempre me decía 'no necesitamos a Dios... si no lo busco, entonces no existe'.

Desde siempre, los hombres -en su orgullo- no han querido acercarse a la Luz, a la Verdad (Ro. 3:10-11 cp. Jn. 3:19). Mi compañero de la universidad escuchó de mi parte el evangelio tantas veces pude compartirlo, pero él no quiso escuchar, prefirió mantenerse en tinieblas, en su ignorancia.

Por otro lado ¿Cuántas veces hemos desistido de adorar a Dios siendo deshonestos, hurtadores, avaros, egoístas, inmundos? Todo aquello que no glorifica a Dios es tinieblas y debemos deshacernos de eso (Col. 3:9).

Pero notemos esto, Dios hizo ese trabajo, Él nos llamó a la Luz, Él nos rescató de las tinieblas (Jn. 6:44). Nuestro mayor esfuerzo por acercarnos a Dios fallará siempre, pero Su simple Voz para atraernos a Él ha sido -y siempre será- eficaz en toda su expresión (v. 39). Amado, nuestro esfuerzo por buscar a Dios jamás se comparará al simple sonido de su Voz tierna diciendo 'Ven, pecador'. Su voz es eficaz para salvarnos y perseverarnos en esa salvación. Si Dios nos llamó a esta preciosa salvación, Él no nos dejará ir.

Por último y, como implicación a esta primera frase, Dios nos permitió ser conscientes de nuestro pecado, de vernos contra Su Santidad y de conocer nuestra sentencia por ello (Rom. 3:23). Permíteme desarrollar mi idea. Dios mismo, viendo nuestra condición incapaz de acercarnos a Él, se ha hecho semejante a nosotros, permitiéndonos ver una vida sin pecado, piadosa; al compararnos contra él, somos hallados inmensamente faltos, dignos de toda condenación, pero, sorprendentemente, es Él quien se entregó en propiciación por nosotros. Él decidió venir, Él decidió morir, Él resucitó y ahora Él nos llama a sí mismo.

Nos trasladó al reino de Su Hijo amado

Pablo continúa diciendo que, no sólo nos libró, sino que también Dios nos methistanó, nos movió de un lugar a otro, nos sacó del reino de las tinieblas y **nos ha trasladado al reino de su amado Hijo**.

Es muy importante tener claro el tiempo verbal en que el apóstol Pablo escribe. En el caso de este texto en específico, el tiempo en que fue escrito el verbo, está en perfecto, algo que ya pasó y tiene consecuencias presentes. Esto significa que no estamos en un 'proceso aduanal' entre la perdición y la salvación (cp. 2 Cor. 5:17-18 enf.v.18) sino que ya fuimos trasladados.

¡Él lo hizo! Él decidió traernos a vida cuando estábamos muertos en delitos y pecados por amor a nosotros (Ef. 2:1 cp. Ef. 1:4-5). Nota como es que Cristo lo hizo, no nosotros. Jesucristo, el autor y consumador de la fe (Heb. 12:2) nos ha salvado. Jesús (transliteración griega de Josué, esto es, 'Jehová salva'). La salvación es del Señor (Ro. 9:22-24, Dios nos escogió para salvarnos). Amados, esto, más que una Esto también tiene, en cierto sentido, un segundo cumplimiento, cuando Cristo venga e instaure su Reino físico para siempre (cp. Ap. 21:1-3). Sin embargo, hay personas que niegan totalmente este futuro hecho.

En otras palabras, no sólo nos dio el conocimiento de nuestra depravación (v.13a) sino que nos ha dado la salvación por medio de la fe en Cristo Jesús. Él es su Hijo unigénito (Jn. 3:16, monogenés, único en su naturaleza), amado (Mt. 3:17, 17:5) y en Él se encuentra la salvación solamente.

Nos redimió, nos perdonó nuestros pecados

Esto es lo más maravilloso de todo. Es en Cristo **en quien tenemos redención por su sangre, el perdón de pecados** (Jn. 3:17-21). Sorprendentemente, no entendemos la gran profundidad de esto, debido a que la teología postmoderna ya gira en torno a nosotros, y no a Dios. El Dr. Sproul dijo muchas veces en su ministerio 'el problema del cristiano es que no conoce a Dios'. Tristemente, esto es cierto. No escuchamos hoy día en las iglesias la doctrina de la depravación total, la cual nos dice que nosotros pecamos y estamos destituidos de la gloria de Dios (Ro. 3:23). Nosotros no merecemos el amor de Dios, no somos dignos de su Gracia, nuestra vida no tiene derecho a sus Misericordias, pero Él es Bueno con nosotros.

¿Cómo puede ser que fuimos perdonados si estábamos bajo la Ira Santa de nuestro Dios? Estábamos destinados a pasar una justa eternidad sin Él -porque la merecemos- y, por amor a nosotros, fuimos justificados. La Biblia rodea esto todo el tiempo. Fuimos justificados por medio de la fe (Ro. 5:1; Ef. 2:1). Dios hizo justicia en alguien más, Él satisfizo su Ira sobre su Hijo, Jesús.

La justificación (diakioo) no significa amnistía o exoneración sin pena (porque sería injusto), es el acto judicial de Dios de condenar el pecado en Cristo Jesús (2 Co. 5:21). En otras palabras, es el acto donde Dios satisface Su Ira por el pecado en Cristo Jesús y nos absuelve de toda culpa a nosotros.

Ahora bien, no podemos confundir el milagro del perdón de nuestros pecados con alguna dispensación, Dios siempre ha hecho esto. El perdón de nuestros pecados es una doctrina que siempre ha estado, desde el Antiguo Testamento (Éx. 34:6-7, 2 Cró. 7:14) hasta ahora (Mt. 6:12-15; Mr. 2:5-7; Col. 3:13). Y no es que Dios nos decidiera perdonar porque somos buenos, agradables o justos, sino que lo hizo para dar gloria a Su Nombre (Fil. 2:5-11, enf.v.11).

Fiel es Dios. Él nos ha librado, nos ha dado el máximo privilegio, honor y gozo de ser llamados 'hijos suyos'. ¿No es esto más que suficiente? Dios ha apuntado hacia la Cruz de Cristo Jesús como el Único y Suficiente sacrificio por y para la humanidad. Demos gracias a Dios por esto, se ha compadecido de nosotros para dar gloria a Su Nombre.

La descripción del Salvador (1:15-20).

Pablo, desde este punto en específico, empieza a dar enseñanza como tal a los colosenses; en este caso, características acerca de Jesucristo. Recordamos nuevamente, que la iglesia en Colosas sufría la amenaza del gnosticismo, una corriente que creía en la separación de las naturalezas de Cristo y Jesús, la maldad de lo material y lo perfecto de lo espiritual o inmaterial. Dentro de estas ideas, junto con doctrinas humanas, apelaban a la no deidad de Jesucristo, a la negación de la Trinidad y demás herejías contrarias a la Verdad hallada en las Escrituras. Como primera estocada a estas herejías, Pablo presenta características del Jesús bíblico, auténtico y perfecto.

Es la imagen del Padre

[Cristo] es la imagen del Dios invisible. La palabra que Pablo usa para 'imagen' (*eikon*, representación o molde) se refiere a que Jesús -en carne- es una proyección visible de quién es Dios (cp. 2 Co. 4:4). Adán -y toda la humanidad- fue hecha a imagen de Dios; pero Jesús es la encarnación del Padre -la imagen de Dios- porque, en esencia y naturaleza, son Un solo Dios junto con el Espíritu Santo (cp. Jn. 10:30, Jn. 1:18, 'Él le ha dado a conocer').

En este mismo pasaje, Jn. 1:18, claramente Juan dice que 'nadie ha visto jamás a Dios', ningún hombre se puede jactar de que ha visto a Dios Padre, cara a cara. Las visiones de Isaías y Ezequiel muestran que ellos llegaron a ver sólo hasta sus rodillas, jamás su rostro, y necesitamos entender que Cristo es esa imagen, esa representación en carne de Quien es ese Dios perfecto.

En Colosas, como lo vimos en la introducción a la carta, el problema del gnosticismo atacó la imagen de Cristo, al creer, entre sus variantes, que Jesús fue un hombre común hasta que Dios lo 'deificó' en el momento de su bautizo y lo 'desdeificó' en la Cruz, separando del concepto de 'Jesús' (Jehová Salva) del de 'Cristo' (El Mesías, el Ungido, el Elegido). Pablo atacó esto con doctrina y uniendo ambos vocablos en la palabra "Jesucristo" (cp. 1 Co, 1:1-3).

Ahora bien, ¿por qué es importante definir esta deidad de Cristo? Hay ciertas religiones que asumen que Jesús era sólo un profeta, que no es la Gloria de Dios encarnada; esto es claramente una blasfemia y no viene de Dios (cp. 1 Jn. 4:1-3). En el pasaje citado, el mismo Juan estuvo dispuesto a categorizar de incrédulos a quienes no tomen la deidad de Cristo como cierta, incluyendo las sectas modernas, como la Ciencia Cristiana, el mormonismo o los Testigos de Jehová. Cristo fue la imagen de Dios antes de su encarnación, fue la imagen de Dios durante su ministerio en la tierra y siempre será la imagen de Dios por la eternidad.

Cabe aclarar un último punto, el hecho de que Cristo sea la imagen del Dios invisible y que nosotros fuimos hechos a imagen a Dios no significa que nosotros vayamos a ser, de algún modo, deificados hasta ser nosotros mismos la imagen del Dios invisible. ¡De ningún modo acepten una herejía de este calibre! La Iglesia de Jesucristo de los Santos de los Últimos Dias tiende a enseñar esto con regularidad, conocido como la doctrina de la exaltación, creen que podemos a ser dioses y diosas para Cristo, cuando la realidad divina es que Dios siempre ha sido, es y será Uno, plenamente existiendo en Tres Personas (Is. 43:10, 44:6, 8; Jn. 10:30; Ef. 4:4).

Es el propósito del todo.

Cuando Pablo mencionó que Jesucristo es **el primogénito de toda creación** (v.15b), no se refiere a que Cristo fue creado antes que cualquier otra cosa -porque hay personas que afirman que 'la luz' que se creó en Gn. 1:3 es Jesús, esto se llama arrianismo y fue desechado como herejía en el concilio de Nicea- sino que Dios ha puesto a Jesucristo como el primogénito en sentido económico, es decir, le ha dado la autoridad como el mayor de entre todos los que fuimos creados, Él siendo eterno (cp. Sal. 89:27). La siguiente parte del texto lo aclara (v.16) al decir que **en él fueron creadas todas las cosas** (cp. Jn. 1:3).

Muchos hoy día creen que alegorizar/reinterpretar -usar un pasaje bíblico como una metáfora y dar una lección distinta a la original- es correcto; el caso que tratamos es la alegoría de 'luz' en Gn. 1:3 donde, supuestamente ésta es Jesús. Esto no puede ser por una razón muy sencilla, Dios no se creó a sí mismo, Él siempre ha sido y será Dios (Jn. 1:1, cp. Col. 1:17a). Para quien siga indeciso en este caso, leer el concilio de Nicea y, mayormente, las Palabras de Cristo en Juan 8, con oración, seguramente podrán aclarar toda duda.

Otros más implican que Cristo es un Ser creado por el término "primogénito". Sin embargo, permítanme compartirles tres aproximaciones por las cuales creemos que esto es totalmente absurdo:

- En primera instancia, el verso siguiente es una aclaración del objetivo del término 'primogénito'. Cristo no puede ser creación y Creador al mismo tiempo. Estamos hablando de un total oxímoron.
- Por otro lado, es importante destacar que la

palabra en griego, generalmente, es utilizada para denotar la preeminencia (la autoridad como mayor) y este verso no es la excepción. El contexto deja claro que la palabra 'primogénito' implica la Autoridad Soberana que Él recibe del Padre (Fil. 2:9).

Pablo continúa al enunciar que **en [Cristo] se crearon todas las cosas, las que hay en los cielos y las que hay en la tierra, visibles e invisibles; sean tronos, sean dominios, sean principados, sean potestades**. La palabra que Pablo usa para 'todo' (*panta*, conjugado de *pas*) significa, literalmente, todo lo existido y por existir. Se extiende Pablo para dejar claro que "todo es todo", incluso hablando de cosas humanas o materiales 'visibles' y todo aquello dentro del contexto espiritual 'invisible'. El punto que él trata de hacer es dejar clara la Eterna Soberanía del Creador sobre Su Creación.

Finalmente, Pablo comenta que **todo fue creado por medio de él y para él**, es decir, para Su Gloria (Fil. 2:11). Nada fue creado para otra cosa que no sea para alabar a Dios y alguno de sus atributos (Rom. 9:22-24). Un día me preguntaron "Si todo fue creado para la Gloria de Dios, ¿acaso el diablo y sus demonios dan gloria a Dios?", respondí inmediatamente "Si" y, permítanme explicarme; Dios, en el Juicio Final, será alabado principalmente por dos de sus perfecciones. Primeramente, el Gran Señor y Dios será alabado por su Misericordia Excelsa para con los justificados, su pueblo cantaremos de alegría por la belleza del Plan de salvación por medio del Cordero Inmolado, Jesucristo, por medio del cual hemos sido hallados justos y santos delante de Él. Por otro lado, el Gran Juez será alabado y honrado enormemente por su perfecto y Justo Juicio contra los inconversos, quienes pagaran justa pena por sus pecados (Ap. 11:17-18), todo, absolutamente todo lo creado, terminará de rodillas dando gloria al Único en el Universo que lo merece. Pablo nos recuerda, finalmente, que **[Cristo] es antes de todas las cosas**. Jesús el Cristo es el ser preexistente, es por eso que es el propósito de todo, porque en Él todo fue creado.

Es el sostén de todas las cosas.

Pablo comenta que **todas las cosas en él subsisten**. La palabra que usa Pablo para 'subsisten' es *synistemi*, que es 'sostener, permanecer en, estar establecidos'; Cristo no sólo se identifica como el propósito y el fin de la creación sino también como el sustentador de la misma. Cristo lo es todo en la vida del creyente, de aquel que murió a su propio pecado (cp. Ap. 22:13) e igualmente es el Dios de los hechos en la historia universal (cp. Is. 41:4).

La historia humanista, por otro lado, ha querido quitar a Cristo del centro de todo; la historia ya no se divide en "antes de Cristo; después de Cristo" sino, por el único capricho y deseo de remover el cristianismo en la medición del tiempo (puesto que A.D. es *annu Domini* o año del Señor), ahora lo nombramos "antes de nuestra era" y "después de nuestra era", pasando a ser un acto de humanismo y vanagloria del hombre. Sin embargo, sobre Cristo se ha fundado toda la historia universal habida y por haber (Jn. 1:3). Lamentablemente, el postmodernismo y el laicismo no son sino una forma más de ateísmo disfrazado en nuestras sociedades. Cristo es removido ideológicamente, de un mundo que le pertenece legítimamente.

Por otro lado, en Cristo hallamos verdadera plenitud y paz -como ese hermoso himno entona- Pablo vivió, al momento de escribir la epístola, la plenitud en Cristo Jesús al vivir apresado en Roma; a pesar de su encarcelamiento, él permanecía feliz y dispuesto a todo por Él (Fil. 4:10-13). ¡Claro que lo iba a estar! Pablo estaba confiado y seguro en Quien confía. Él sabe que el universo, el mundo entero, sus acontecimientos, la sociedad, todo está sostenido en la Voluntad Absoluta de Cristo (Dan. 4:35).

Es la cabeza de Su Iglesia -y de todo-.

El apóstol comenta que **él es la cabeza del cuerpo que es la iglesia**. Cristo es el fundamento principal -y único- de su Iglesia (Ef. 2:20). Las confesiones de Pedro (Mt. 16:16, Jn. 6:68-69), la Cruz, la resurrección y el pentecostés son pilares de la fe cristiana del primer siglo (Ef. 4:11). La palabra que Pablo usa para "cabeza" (*kephalé*) es referente a la superioridad, supremacía y la autoridad de alguien, en este caso, la supremacía de Cristo sobre su Iglesia (cp. Mt. 21:42).

Y, ¿cómo argumentar en contra de una verdad esencial para la supervivencia de la iglesia como es la Supremacía y la Autoridad Absoluta de Cristo sobre Su Iglesia? Él es la cabeza de Su Iglesia, es obvio. La misma raíz etimológica del cristianismo apela a esto: somos seguidores de Cristo. Fundamentalmente, no podemos hablar de que hay líderes en las iglesias como "cabezas" de las mismas, Pablo mismo negó alguna autoridad económica en la Iglesia, en materia de fe y práctica, dando todo el crédito a Cristo (1 Co. 3:5-6). No significa que no tengamos maestros y líderes que nos exhorten, sino que no hay alguna autoridad en materia de fe y práctica que pueda dictar ley, ni siquiera para ser comparable. Muchas religiones alrededor del mundo siguen este sistema donde adoran a su deidad, pero tienen profetas que siguen adoctrinando a sus feligreses; sin embargo, en el cristianismo bíblico, la Palabra de Cristo no sólo es la mayor, sino la única doctrina por seguir (He. 1:1-2), ningún pastor puede dictar doctrina nueva y decir que es menor a Cristo, es simplemente imposible añadir al discurso final de Dios, revelado en Cristo.

El Papa, por ejemplo, encabeza la iglesia católica bajo el título de 'Sumo Pontífice' (el más apto para crear puentes, el nexo, según su transliteración del latín) usurpando el lugar de Cristo como reconciliador (2 Co. 5:19-21). Este hombre -elegido por hombres en el cónclave, por cierto, no nombrado por Dios- tiene autoridad para dictar edictos y bulas papales bajo el título de "ex-cátedra", lo que, según la fe católica, los vuelve textos infalibles, ¡imaginen eso! Un hombre tan pecador como ustedes y yo dictándonos qué hacer. ¿Ahora comprendemos la necesidad de que la autoridad única y suprema sea Cristo y Su Palabra? El Papado ha dictado bulas y edictos ex-cátedra que solo han conseguido que los feligreses a su religión se confundan más y más alrededor de la religión.

La gran mayoría de las sectas, también, las encabeza un autonombrado 'apóstol', 'profeta' u 'obispo', separándose de la humildad con la que se nos demanda al servir a la grey (cp. Fil. 2:3-5). Han entrado ocultos (Jud. 1:4), y viven de alabar al hombre -en específico, a ellos mismos- en lugar de

Cristo (Jud. 1:16), se dedican al coaching cristiano, la motivación, el empoderamiento, la confesión positiva, en lugar de la negación de uno mismo, la Cruz de Cristo y su resurrección (1 Co. 2:2). Hombres que son hasta capaces de publicarle añadidos a la Biblia, folletos con 'nuevas revelaciones' y cultos donde gritan, brincan alocadamente y roban dinero mientras convencen a sus fieles que están sembrando para el reino. El centro del mensaje de las iglesias NO puede ser otra cosa que no sea Cristo, ¡NO HAY OTRO EVANGELIO! (Gál. 1:6-9). Él es la cabeza (Col. 1:18), Él... es el motivo, el fin, el medio, el Salvador, el propósito, el regalo, el novio, la Cabeza de Su Iglesia.

Cuando Pablo mencionó que sería **el primogénito de entre los muertos, para que en todo tenga la preeminencia** se refiere al momento en que Cristo muere en la Cruz, siendo el primero en resucitar para no morir jamás, dándole el primer lugar en todo. Todo esto por cuanto agradó al Padre que en él habitase toda plenitud, es decir, dar toda la Gloria y la Honra a Dios (cp. Ap. 19:1).

Es el reconciliador supremo.

Notemos este precioso verso que comienza con una verdad auténtica. Pablo ya exaltó las características de Cristo, pero ahora tomará la batuta para dirigir el texto y hablar de la Maravillosa Obra de la Cruz, **y por medio de [Cristo] reconciliar consigo todas las cosas**. Cristo, a través de la Cruz, reconcilió a los hombres con Dios, 'pontifizó' -siguiendo el ejemplo del punto anterior- el camino al Padre dándonos múltiples bendiciones; su mensaje (Mt. 4:17) siempre apeló al arrepentimiento y a la reconciliación por medio de Él (Jn. 6:49-51). De hecho, Cristo no sólo es la reconciliación en la tierra, sino en los cielos, según la frase que sigue la primera oración, puesto que su reconciliación fue así **las que están en la tierra como las que están en los cielos**.

El principio completo y pleno detrás de la reconciliación lo encontramos en la Biblia misma, no podíamos -ni podemos- buscar a Dios en nuestra Voluntad (Ro. 3:10-12, 18), es Dios quien nos ha llamado y ha entregado a Cristo como el sacrificio perfecto (Ro. 3:21-27) para justificarnos y, entonces, **[hacer] la paz mediante la sangre de su cruz**. Es importante este punto, puesto que muchos no creen en este bello principio que, aunque nos declara muertos por el pecado (cp. Ef. 2:1), nos muestra la inmensa necesidad que tenemos de un Salvador perfecto, y esto sucede solamente en la Persona del Señor Jesucristo.

La iglesia católica, por ejemplo, no cree en el principio de la reconciliación suprema y suficiente de

Cristo (la iglesia protestante lo llama Sola Fide), sino que apela a los sacramentos que salvan -según ellos-:

- El bautismo (aunque la Biblia dice que la salvación es sólo por la fe, cp. Ef. 2:8); La confirmación (la Biblia no ordena una manera de 'confirmar' la salvación; una vez que uno es salvo, Dios nos da el don del Espíritu Santo sin necesidad de un 'segundo paso', cp. Ef. 1:13).

- Eucaristía (Si bien, Cristo la ordenó y Pablo la confirmó, la transustanciación es una doctrina herética, pues el concilio de Trento lo presenta como una repetición del sacrificio de Cristo, el cual ocurrió una sola vez, cp. He. 10:10), igualmente, creemos que, como dice 1 Co. 11:24-26 tomamos la comunión como un recordatorio de la muerte sustitutiva de Cristo, no como un 're-sacrificio'.

- Penitencia (El problema es que la iglesia católica enseña que, sin éste, Dios no puede perdonar nuestros pecados, lo cual contradice claramente el principio de la fe salvadora, cp. 2 Co. 5:21; 1 Jn. 1:9).

- Unción de los enfermos (Un acto innecesario para 'confirmar nuevamente' la salvación de aquellos que ya fueron salvos, si es fe verdadera; Pablo mismo no temía a la muerte, cp. Fil. 1:21).

- Orden sacerdotal (Increíblemente, los concilios han convertido la noble labor del obispo -1 Ti. 3- en un trabajo casi imposible para aplicar, agregando requisitos innecesarios, cp. 1 Ti. 4:1-3).

- Matrimonio (Sobre este, sólo podemos mencionar que los católicos, en los concilios, han convertido la bendición del matrimonio en un mandamiento, casi en un requisito para la salvación).

En otras palabras, según los católicos, la salvación es por medio de la fe en Jesucristo y las obras que uno hace como creyente, ¡qué gran herejía! Solo pensemos, si tengo que agregar algo por mi salvación, si de verdad puedo hacer algo por mi mismo para ser salvo, entonces la cruz de Cristo es innecesaria, en vano murió Cristo (cp. Gál. 2:21). Si la Cruz fuese insuficiente, entonces nadie podría ser salvo, porque ni Cristo mismo aún cumpliendo la Ley, sería hallado justo (incluso siendo Dios). Amados, no escuchemos estas herejías, Cristo es nuestro reconciliador perfecto, ¡Él es Dios! Su muerte en el Calvario fue perfecta y su resurrección, el motivo de nuestra fe y esperanza.

Es increíble como nuestra sociedad ha olvidado que Cristo Jesús es la imagen del Padre, el propósito de todo, el sostén de todas las cosas, la cabeza de la Iglesia y el reconciliador supremo. Es Jesús y nada más Él quien merece toda nuestra admiración, exaltación y alabanza por lo que ha hecho. Es el Jesucristo auténtico el que nos ha salvado y nos ha dado vida eterna. A Él, sólo a Él, sea la Gloria.

El resumen del Evangelio y una exhortación a la Fe (1:21-23).

Varias veces hemos sido preguntados acerca de resumir el Evangelio en un párrafo, una frase, incluso en una palabra; Varias veces hemos escuchado la historia de Cristo resumida de una manera "simple"; nos dicen "Él te ama y vino a morir por ti, resucitó al tercer día, ascendió al cielo y volverá pronto" y eso -podríamos decir- no está mal; pero está incompleto. Como parte de su defensa de Cristo, Pablo muestra a los colosenses las características de la persona de Jesucristo (vv.15-20) y, ahora, resume su ministerio en la tierra de manera concreta y completa, sin dejar escapar ningún detalle. Debemos de aprender que este tipo de verdades absolutas halladas en la Biblia son indispensables para no caer en 'doctrinas de hombres', 'fábulas' y no tener 'comezón de oír' aquello que no sea Cristo crucificado (cp. 2 Ti. 4:3-4). Un resumen perfecto del Evangelio no deja cabos sueltos, no se le olvida decirte que eres pecador, que necesitas de su perdón, que su Juicio es Justo, Perfecto y Concreto. Que Dios está airado con el pecador, pero que hay esperanza en Cristo, que una cruz son los términos de paz con el Creador para todo el que crea en Su Hijo amado, en quien Él se complace.

El resumen del Evangelio.

Pablo presenta la realidad en la que los Colosenses se encontraban (**y a vosotros también**) y como Cristo, soberanamente, los salvó. Pablo menciona **que en otro tiempo**, es decir, antes de Cristo (cp. Ef. 2:1, 12) **[éramos] extraños**, una palabra griega (*apalliotroo*), que significa 'no participantes' o no unidos en Cristo y, peor aún, **enemigos en [nuestras mentes]**.

Hay que notar la gravedad del asunto; no estábamos bajo el Amor Incondicional de nuestro Dios, sino bajo Su Ira Santa (Pr. 6:16-19 cp. Rom. 3:12); estábamos bajo un constante pleito contra Él y Su Justicia, estábamos en una esclavitud incesante del pecado sobre nosotros (Rom. 7:14-19); deseábamos pecar, anhelábamos el momento de levantarnos nuevamente de mañana para inquirir, **haciendo malas obras**. Esos éramos nosotros, extraños, personas enamoradas del pecado y enemigas de lo santo, de lo puro. Quiero decir, ¿cuántas personas hoy incluso mencionan la necesidad de hacer algo malo para satisfacer su sed de adrenalina? Eso éramos todos nosotros, sin excepción. Como pecadores, estuvimos expuestos a la sentencia mortal, estábamos listos y prestos a pagar por lo que hicimos (Rom. 6:23a); Jonathan Edwards, en su sermón Pecadores en manos de un Dios airado, dice lo siguiente sobre los pecadores y su condenación:

> *La ira de Dios se consume contra ellos, la condenación no descansa, el agujero está listo, el fuego ha sido preparado, el horno ha sido calentado, listo para recibirlos... el diablo permanece listo para caer sobre ellos y descuartizarlos por su cuenta en el momento en que Dios se lo permita. Ellos, [los pecadores], le pertenecen, él tiene sus almas en su posesión y debajo de su dominio.*

Regularmente, hacemos comentarios acerca de las 'buenas personas'; actores que dan su dinero, tiempo, vocación a la filantropía, pastores que 'no reciben un peso del ministerio' y que donan dinero a misiones o causas evangelísticas. Estas personas no son cristianas piadosas auténticas si su fe no está fundamentada en Cristo (cp. Ef. 2:9). Estos hombres, incluso llamados 'de Dios' no gustarán los placeres del Señor Jesucristo si no creen en Él; amados, las buenas personas no van al Cielo, los que creen en Cristo van al Cielo. Un buen corazón jamás justificará una mente reprobada (cp. Jn. 14:6). No sólo teníamos una mente reprobada, sino acciones reprobadas; creíamos en 'mentiras piadosas', en 'pecados menores', en 'cristianos buenos y cristianos malos', Hacíamos 'malas obras'. Volviendo en este énfasis, éramos hombre y mujeres totalmente depravados, sin algún afecto por nuestros hermanos.

Nótese el cambio de tiempo en '**ahora**' (v.21c), significa que hubo un antes y hay un después, **[Cristo] nos ha reconciliado** (cp. Rom. 5:1; 2 Co. 5:11-21; Col. 1:20). ¿Qué significa esto? Que nuestro tiempo de guerra contra Dios ha sido culminado; ¡ya no estamos en enemistad con Él!, hemos hecho acuerdo de paz por medio de la Sangre de Cristo Jesús (cp. Col. 1:14). Una muestra más de que esto fue solamente un don de Dios es que Él proporcionó los términos de paz (la Sangre de Cristo, Jn. 3:16 cp. 1 Jn. 1:7). Yo no morí, ni mucho menos resucité para pagar mi deuda, pero Cristo lo hizo (cp. 1 Co. 1:13, 3:5). Pensémoslo de este modo, Dios, mi Juez Justo, sufrió su propia sentencia, para que fuera justificado.

Esta reconciliación, ahora bien, es **en su cuerpo de carne**; un ataque nuevamente al gnosticismo, aquella corriente que busca contrariar el hecho de que el Espíritu se hizo carne (cp. Col. 1:15). ¡Es la Gloria del Padre en carne y hueso! ¡Cristo Jesús en carne muriendo por nuestros pecados! Fue **por medio de la muerte**, por medio de la Cruz.

La Cruz, un instrumento de tortura del primer siglo, llamada locura para los griegos y necedad para los judíos, el arma con el que sólo los traidores a Roma, los prisioneros más crueles y despiadados, la escoria de la sociedad sufrían, esa cruz se ha vuelto en el símbolo universal del cristianismo, en la señal y marca del Amor Divino, en la muestra de la Misericordia y Piedad de nuestro Señor, exhortándonos a mirarla y reconocer cómo Cristo ya realizó el pago, la expiación, el sacrificio en favor de nosotros. Contrario a lo que otros creen (lo veremos más adelante) esto sucedió una sola vez y para siempre (cp. Jn. 19:30, 'Consumado es'). La limpieza, considerando la frase anterior, es total. No hay una expiación continua o un 'sacrificio espiritual' en el Cielo ahora mismo (como creen los adventistas), sino que la Cruz ya sucedió para santificación absoluta y completa (cp. 1 Co. 1:2; He. 10:12-14).

Una exhortación a la Fe.

Aquí está la condición para todo esto; Cristo no justificará a quien no crea en Su Nombre (cp. Jn. 3:18). ¡Si, la salvación tiene una condición y es la fe! **Si en verdad permanecéis fundados**, si están *themelioo*, cimentados para una edificación, estables en la Fe. Esto significa, en otras palabras, si se mantienen cimentados en las verdades esenciales y absolutas del Evangelio. Pablo comentó esto a los Corintios (cp. 1 Co. 15:58) antes, hablando acerca de la resurrección como el tema central. Recordamos que, en Colosas, tanto el gnosticismo como la filosofía humana, negaban una resurrección corporal, decían que Cristo resucitó 'en el espíritu solamente'. Por ello, la exhortación es en contra de moverse (de empezar a seguir) del lugar donde están cimentados.

Esto siguió en los primeros años del primer siglo, tanto que fue necesario el concilio de Jerusalén (Hch. 15); o con Arrio, hombre que terminó negando la Trinidad y que el concilio de Nicea tachó como hereje. Las herejías han crecido en nuestro tiempo ¿cuántas otras herejías han surgido alrededor de la persona de Cristo, las cuales pervierten el Evangelio del que tenemos esperanzas? No son nuevas, pero han regresado. Quienes argumentan que Cristo fue un ser creado, quienes dicen que Cristo perdonará a todos un día, sin importar si son creyentes o no (esto es llamado universalismo y ha tomado bastante fama en este presente siglo), quienes dicen que Cristo si pecó, quienes opinan que Cristo fue comunista, ¡Cristo fue un activista político según algunos! Al grado llegan, de hablar pestes de nuestro Salvador y Señor, llamándolo homosexual, polígamo, radical, filósofo, político, dictador. Frente a estas situaciones es la exhortación Paulina **[permanecer] fundados y... sin [movernos] de la esperanza del evangelio**.

Pablo destaca el Evangelio **que [habían] oído**. Nuevamente, vemos a Pablo reconociendo que la Palabra de la Cruz fue escuchada y bien recibida. Aunado a esto, podemos destacar la belleza del Evangelio, que llega a nosotros por el oír, y el oír por la Palabra de Dios (Ro. 10:17). Nosotros debemos perseguir ese ideal, ser oyentes solo de la sana doctrina, de la enseñanza correcta, justo como los nobles hermanos de Berea (Hch. 17:10-11).

Este Evangelio Santo y Perfecto **se predica en toda la creación que está debajo del cielo**, y apela al hermoso cumplimiento en el primer siglo de la Gran Comisión (Mt. 28:20-21). El libro de los Hechos narra cómo Pablo, desde su conversión hasta su arresto en Roma, hizo todo lo que estuvo en sus manos para cumplir con esta misión (cp. Hch. 9:20). Esto, en todo sentido, nos debe urgir a compartir de manera correcta la Palabra de Dios, no sólo en la predicación detrás del púlpito, sino en nuestra labor evangelística diaria (cp. 2 Ti. 4:2, 2 P. 3:15).

Ahora bien, esto no significa que tu y yo andemos por las calles contando nuestro testimonio, debemos recordar que la salvación es solamente por medio de la fe en Jesucristo (Ef. 2:8-10) y esta salvación llega a los perdidos por medio de la predicación (1 Co. 1:21).

Es de la predicación del Evangelio **[De la cual] cual yo, Pablo, fui hecho ministro**, comenta el apóstol. Tendremos oportunidad de conocer a Pablo mejor en los vv.24-29, pero podemos comentar, por el momento, que Pablo no se jactó. Pablo fue hecho ministro, no se autonombró, no estudió en la universidad de apóstoles, él fue hecho siervo de Dios por Cristo mismo. Hasta ahora pudimos ver a Cristo como el centro de la carta -porque lo es-. Él es nuestra plenitud. Es Jesucristo quien, por medio de Su Sangre, ha conseguido que el Padre nos traslade a Su Reino. Estudiamos un resumen del Evangelio que Pablo dejó como cimiento introductorio para los colosenses, ciudad plagada de herejías. Nosotros vivimos en una sociedad hereje, nos rodea el pecado y, en ciertas ocasiones, nos invade. Sin embargo, nuestra pelea debe ser en favor de Cristo y la proclamación de La Verdad, ¡Él ha resucitado, Él solamente nos ha salvado! ¡Sólo Cristo, Sólo a Dios sea la Gloria!

VIVIENDO EL MINISTERIO (1:24-2:15).

'*Ahora me gozo en lo que padezco por vosotros, y cumplo en mi carne lo que falta de las aflicciones de Cristo por su cuerpo, que es la iglesia; de la cual fui hecho ministro, según la administración de Dios que me fue dada para con vosotros, para que anuncie cumplidamente la palabra de Dios, el misterio que había estado oculto desde los siglos y edades, pero que ahora ha sido manifestado a sus santos, a quienes Dios quiso dar a conocer las riquezas de la gloria de este misterio entre los gentiles; que es Cristo en vosotros, la esperanza de gloria, a quien anunciamos, amonestando a todo hombre, y enseñando a todo hombre en toda sabiduría, a fin de presentar perfecto en Cristo Jesús a todo hombre; para lo cual también trabajo, luchando según la potencia de él, la cual actúa poderosamente en mí. Porque quiero que sepáis cuán gran lucha sostengo por vosotros, y por los que están en Laodicea, y por todos los que nunca han visto mi rostro; para que sean consolados sus corazones, unidos en amor, hasta alcanzar todas las riquezas de pleno entendimiento, a fin de conocer el misterio de Dios el Padre, y de Cristo, en quien están escondidos todos los tesoros de la sabiduría y del conocimiento. Y esto lo digo para que nadie os engañe con palabras persuasivas. Porque aunque estoy ausente en cuerpo, no obstante en espíritu estoy con vosotros, gozándome y mirando vuestro buen orden y la firmeza de vuestra fe en Cristo. Por tanto, de la manera que habéis recibido al Señor Jesucristo, andad en él; arraigados y sobreedificados en él, y confirmados en la fe, así como habéis sido enseñados, abundando en acciones de gracias. Mirad que nadie os engañe por medio de filosofías y huecas sutilezas, según las tradiciones de los hombres, conforme a los rudimentos del mundo, y no según Cristo. Porque en él habita corporalmente toda la plenitud de la Deidad, y vosotros estáis completos en él, que es la cabeza de todo principado y potestad. En él también fuisteis circuncidados con circuncisión no hecha a mano, al echar de vosotros el cuerpo pecaminoso carnal, en la circuncisión de Cristo; sepultados con él en el bautismo, en el cual fuisteis también resucitados con él, mediante la fe en el poder de Dios que le levantó de los muertos. Y a vosotros, estando muertos en pecados y en la incircuncisión de vuestra carne, os dio vida juntamente con él, perdonándoos todos los pecados, anulando el acta de los decretos que había contra nosotros, que nos era contraria, quitándola de en medio y clavándola en la cruz, y despojando a los principados y a las potestades, los exhibió públicamente, triunfando sobre ellos en la cruz.'*

La realidad del ministerio -cinco aspectos que conlleva el ministerio- (1:24-2:7).

Normalmente creemos que el ministerio es para personas muy 'espirituales', que sólo los llamados por Dios se pueden enlistar y que, estos, de algún modo, se vuelven personas intocables y perfectas. Sin saberlo, creemos esa mentira gracias a los supuestos 'ministros' que se han aprovechado de sus congregados; 'hombre de Dios' es su expresión favorita, su teología es siempre puntual, perfecta y, si tiene mejor, en dos días queda arreglada. Pero la Biblia enseña una realidad distinta, enseña acerca de los requisitos para ser pastor y diácono (1 Ti. 3) y cómo debe comportarse con la grey, enseña que los ministros no nacieron para una vida de trajes italianos, vuelos privados, mansiones en Miami o automóviles deportivos exclusivos. En este pasaje de la epístola a los Colosenses, Pablo presenta cinco aspectos que uno enfrenta como ministro, el sufrimiento (1:24-25a), la obediencia (1:25b-27), compromiso con la grey (1:28-2:3), cuidado y enseñanza correcta (2:4-5) y exhortación y amonestación (2:6-7).

El ministerio conlleva sufrimiento.

Pablo comenta "**ahora me gozo en lo que padezco**

por vosotros", en la cárcel de Roma. La palabra para gozo (*chairo*) implica un deleite en la Gracia de Dios; implica, literalmente, 'experimentar el favor de Dios'. La palabra griega tiene una similitud muy grande con *charis* (gracia) y *chara* (alegría), por lo que el comentarista Zhodiates opina que están íntimamente relacionadas. Debemos recalcar lo que Pablo, hasta ese momento, había sufrido para estar en dicha situación, esto se encuentra en 2 Co. 11:25-27. Pablo fue azotado con varas (Hch. 16:22), fue apedreado (Hch. 14:19), la Biblia no registra los diversos naufragios de Pablo (salvo el de camino a Roma), pero es interesante recalcar lo siguiente: A pesar de todo lo que ha pasado, Él se sigue gozando, él tiene contentamiento en Cristo (cp. Fil. 4:12-13).

Sobre el encarcelamiento de Pablo, desde donde escribe esto, podemos recalcar varias cosas; la primera, las cárceles (*tullianum*) eran consideradas sólo 'habitaciones de espera para las sentencias'; de acuerdo con la guía de estudio de Faithlife, estas prisiones subterráneas eran muy sucias y estaban llenas de enjuiciados, éstos, tratados 'sólo un poco mejor que a los cadáveres'. Nótese entonces el contraste, ¿Quién podría estar contento en un lugar tan sucio, vil y lleno de impíos, a punto de ser condenado a muerte por Roma misma? ¿Quién podría decir que experimenta el favor de Dios en medio de una prisión subterránea, esperando la llegada del guardia que escucharía sus últimos alientos? No sólo Pablo, según la Biblia, sino cada cristiano verdaderamente piadoso (cp. Gál. 2:20; Fil. 1:21). ¡Esto es impresionante! Como creyentes, no debemos temer a la muerte, sino verla como un paso más para llegar a la Presencia del Señor y escuchar las palabras que Cristo mencionó "Bien, buen siervo y fiel". Debemos comenzar a entender que la vida cristiana nos llama, nos urge a negarnos a nosotros mismos, tomar nuestra Cruz -en el caso de Pablo, afrontar las cárceles- y seguirlo a Él.

Hoy día, hay 'cristianos' que están dispuestos a todo por Cristo; están dispuestos (nótese el sarcasmo) a comprar aviones privados; dispuestos a sufrir la incomodidad de las suites continentales de los hoteles Hilton; dispuestos a comer pocas veces (cuatro o cinco) y alimentos muy desagradables, langostas, caviar, reces importadas de Europa, y bebidas muy humildes, por debajo de los 80 dólares cada copa; dispuestos a ser perseguidos por hordas de seguidores y fotógrafos, prestos para ver qué nuevo traje francés se han mandado a hacer; dispuestos a decir cosas confrontantes a sus escuchas, como que serán prósperos, felices, perfectos y alegres en esta vida terrenal. A eso están dispuestos los predicadores de hoy. Ellos no son ministros fieles. No porque no tengan derecho a darse un lujo, sino porque lo consideran necesario para su ministerio, han olvidado el Centro.

Es tal el orgullo de estos hombres, que han llegado a blasfemar y considerarse dioses ellos mismos, quiero decir, ¿Quién en su sano juicio diría lo siguiente? *"Voy a decir esto con mucho cuidado... pero lo diré. Cuando leo en la Biblia donde [Jesús] dice 'Yo Soy', yo solo sonrío y dijo 'sí, yo tambíen soy'."*, ¿Kenneth Copeland? Amados, no se trata de vivir como monjes, abnegados a todo; pero sí se trata de mantener a Cristo en el centro de todo, así estaremos fortalecidos en el sufrimiento y humildes en la abundancia.

Cuando Pablo dice **cumplo en mi carne lo que falta de las aflicciones de Cristo por su cuerpo**, no se refiere al purgatorio (como la iglesia católica dice), sino que, Pablo estaba experimentando, por amor a la iglesia (el cuerpo de Cristo) aflicciones, cárceles, dolores, hambrunas y otros padecimientos. Sería muy egoísta sufrir para ser hecho notar de los demás, pero, ¿qué pasa cuando es Dios quien nos llama, como sucedió con Pablo? Pablo, como estudiamos en capítulos anteriores, fue llamado por Dios (cp. 1 Co. 1:1) para ser apóstol de Cristo, fue llamado por nuestro Padre para que él viviera una vida en persecución con el objetivo de compartir y expandir las buenas nuevas del Evangelio de Cristo Jesús.

El ministerio conlleva obediencia.

Pablo comenta que él fue **hecho ministro, según la administración que [le fue dada]**. La administración de la que habla el apóstol (*okinomios*) apela a la dispensación económica por medio de la cual Dios presenta su Gracia a los hombres. Esto es un acto de total Soberanía de parte de Dios, Él da las órdenes, sus súbditos obedecemos (cp. Jn. 14:15; Jn. 15:14). Sobre la Soberanía de Dios, hay que aclarar que no es una posibilidad en nuestra vida, Él decide cuanto quiere con nosotros, lo que le place, lo que Él gusta, lo que Él tiene por gana (Dan. 4:35).

Por lo general, consideramos esto como una forma 'negativa' de ver a Dios, pero, si tenemos en cuenta que Dios es Perfecto en planes, misericordia, paz y justicia, entonces no tenemos por qué temer cuando decimos que Él hace cuanto le place. Él no tiene malas intenciones, no cobra venganzas rencorosas, no tiene deseos de desprestigiar o hacer algo por 'hacerle el mal' a alguien. Dios es Bueno, Justo y Perfectamente Soberano.

Volviendo a Pablo, el muestra que el propósito de ser **para que anuncie cumplidamente la Palabra de**

Dios; *Pleroo* es la forma en el griego que completa esta frase -y que tiene diversos significados, dependiendo del contexto- y apela a 'completar', 'llevar hasta el final' o 'predicar'; éste último siendo el significado más aceptado para el versículo. Predicar la Palabra de Dios a todo hombre es algo que Pablo tenía como objetivo en su ministerio (Ro. 15:17-19) y, ¿qué evangelio es este? ¿Cuál otro? El evangelio de Jesucristo ()Col. 1:21-23). Podemos implicar que, Pablo estaba escribiendo un requisito del ministro fiel: predica la Palabra fielmente (cp. Tit. 1:9), sin atender a las fábulas, a las alegorías, a la eiségesis (interpretación bíblica 'según yo'). No se trata de 'que entiendo yo en este pasaje' sino 'Qué está diciendo Dios en este pasaje y de qué modo se aplica en mi vida'.

Comparemos este modelo que Pablo presenta con Guillermo Maldonado, autodenominado apóstol y fundador del ministerio 'El Rey Jesús', quien dijo en una conferencia internacional pro-liderazgo: "Usted tiene dos opciones, vivir por principios o vivir por su voz, vivir por principios es vivir por lo que Dios dijo [en Su Palabra] y eso está correcto. Es agarrar los principios de Dios y aplicarlos; El sembrar, el ofrendar, recibir todos los principios de Dios, por lo que Dios dijo. Pero el que vive por oír la voz de Dios, no vive por lo que Dios dijo sino por lo que Dios está diciendo". ¿En que parte de la Biblia se dice eso? ¿Dónde queda Heb. 1:1-2? ¿Es esto la exposición fiel de las Escrituras? Este es el error de Guillermo Maldonado y otros predicadores que abandonan las Escrituras por sus propias revelaciones.

Está más que claro que Cristo mismo nos ordenó en la Gran Comisión a '[enseñar] a que guarden todas las cosas que [nos ha] mandado'. No se trata de sacar cosas nuevas, la Biblia se lleva predicando más de 1950 años, es muy difícil -casi imposible- que alguien encuentre novedades en la Biblia; si, bien, puede haber aplicaciones contemporáneas, implicaciones actuales, incluso nuevos métodos de estudio y hermenéutica, jamás cambiará el significado de la Palabra de Dios. Nuestro Dios uno es y Su Palabra es Perfecta, no necesita 'reinterpretaciones'.

Otro ejemplo por el que vemos una implicación, Pablo vivió un episodio en específico cuando fue a Jerusalén en revelación por el Espíritu (Hch. 20:22-23), muchos hermanos, deseando que no muriera le rogaban que no fuera (cp. Hch. 20:37-38, 21:4, 10-12) porque sabían que sufriría, pero esa era la Voluntad de Dios y Pablo, como fiel ministro, obedeció. Hoy día, ¿cuántos 'hermanos' han dejado de ser directos y concretos en obedecer por miedo, ya no a lo que les puedan hacer, sino a lo que les puedan decir? Por miedo a la palabra 'apóstata' o 'muerto por la letra', 'hereje', muchos han optado por seguir el camino del ecumenismo, la coexistencia, la tolerancia, el 'respeto', la 'equidad' y cada vez son más. Es imprescindible que entendamos lo que, desde que nacemos en la fe, es prioridad. Primero es la obediencia a Cristo, negarme a mi mismo, tomar nuestra Cruz y seguirlo.

La predicación **[del] misterio que había estado oculto** es el Evangelio de Jesucristo, sin duda alguna, esto ya lo había presentado en una ocasión (cp. Col. 1:27). Este Evangelio **ahora ha sido manifestado a sus santos**. Recordamos que, en Colosas, estaba vigente el gnosticismo, corriente que apelaba, no solamente a la separación de naturalezas entre Jesús y Cristo (considerando una separación de lo material y lo espiritual); sino que argumentaban que el conocimiento era oculto y espiritual, reservado sólo para algunas personas. Este patrón ha llegado hasta hoy en el mundo cristiano, 'sólo algunos tenemos revelación de Dios', 'sólo a nosotros Dios nos habla', 'Jesús se ha revelado solamente a este ministerio'. Sobre este punto cabe argumentar, no existe la iglesia 'única', esas congregaciones se llaman sectas. Las iglesias que argumentan que son las únicas salvíficas (como la iglesia católica romana); son sectas, son falsas. Más adelante, en la segunda epístola a Timoteo, Pablo haría una exhortación general acerca de los apóstatas que no obedecen la Palabra de Dios al predicarla fielmente (2 Ti. 3:1-8) por el afán de querer ser el foco de atención. No se alejan mucho de la corriente herética de los gnósticos. Debemos entender, Cristo ya ha sido revelado, ¡Es Cristo el misterio que fue revelado a los santos (a los creyentes)!

Algo más fuerte de entender aún, es que este Evangelio llegó **a quienes Dios quiso dar a conocer**. Dios quiso hacerlo y lo hizo, ¿no es esto la Soberanía absoluta de nuestro Dios en operación? Quiso (*thelo*) significa 'voluntad, proposición, resolución o determinación en hacer algo' y, cuando Dios quiere hacer algo, ¿quién puede detenerlo? (Dan. 4:35). Dios ha resuelto soberanamente revelar todo su discurso en tinta (Heb. 1:1-2) y ese discurso se llama Cristo y ha decidido revelarlo todo. Nuevamente, caemos en la falsa idea de que sólo algunos han sido revelados; peor aún, que han dicho que buscaron a Dios. Un ejemplo de esto, es el supuesto pastor T. B. Joshua, pastor de una de las iglesias más grandes de Nigeria, quien narra que realizó un ayuno de cuarenta días y cuarenta noches en una montaña; mientras oraba, recibió una visión y un pacto donde Dios mismo lo ungía como su profeta. ¿Qué le dio a conocer que nosotros no conocemos? ¿Acaso a él Dios le quiso dar a conocer algo que a nosotros no? ¿Hay algo más que Dios quiera decir que no lo haya dicho ya en la persona de Cristo?

Pablo lo volvió a aclarar, la revelación es **las riquezas de la gloria de este misterio entre los gentiles; que es Cristo en vosotros, la esperanza de gloria**. ¿Debemos decir algo más? Es Cristo revelado, nuevamente, en plenitud tanto a judíos como a gentiles. Y la esperanza es en nuestra salvación por medio de la Fe en Él (cp. Ef. 2:8-10).

El ministerio conlleva compromiso con la grey.

Pablo presenta el compromiso que tiene con los colosenses (incluso con los Laodicenses) a pesar de nunca haber estado allí presencialmente, estaba aconsejando a la grey porque estaba comprometido con ella. Es a Cristo **a quien anunciamos amonestando...enseñando**. La palabra que Pablo usa para amonestar se puede traducir como 'poner en mente, corregir por medio de la instrucción, advertir'. En otras palabras, predican a Cristo. Aquí, bíblicamente, encontramos la necesidad de corregir (cp. 2 Ti. 3:16).

Es importante destacar un punto que, por ejemplo, la iglesia católica suele hacer de las denominaciones protestantes; ellos aseguran que somos tolerantes de las herejías de otros, al punto de que tenemos denominaciones por eso, porque nos aceptamos en nuestras herejías de las que nos distinguimos. Por otro lado, grupos sectarios, postmodernistas y liberales nos tachan de que no tenemos tolerancia por nada y nadie; bajo el lema de *Ecclesia semper reformanda est*, somos acusados de que mandamos a todos aquellos que no coincidan con nuestra doctrina al infierno. Amados, no es que no exista la tolerancia a las doctrinas distintas, sino que no podemos tolerar todo lo que blasfeme a Dios y Su Palabra. Ejemplos son enseñanzas que, palabras más, palabras menos, Cash Luna implicó en uno de sus sermones: *Si las jirafas tienen jirafitas y los peces tienen pecesitos, entonces Dios tuvo diocesitos*, o una frase que se volvió viral en los últimos meses: "Dios prefiere dejar de existir con nosotros, que seguir existiendo sin nosotros", "Dios, cuando creó a los animales, no sabía que es lo que estaba haciendo, por eso los trajo con Adán, para preguntarle ¿tú de qué le ves forma?". Estas herejías deben ser detenidas, corregidas, amonestadas, y sus autores deben ser llamados por lo que son, falsos hermanos (cp. Gál. 2:4).

Pablo está comprometido a predicar este evangelio, a corregir en doctrina **a todo hombre**; esto apela nuevamente al adjetivo *'pas'* que vimos en un capítulos anteriores, que implica no omitir a ningún hombre; en otras palabras, cuanto hombre se cruzaba en el camino de Pablo, él les compartía el Evangelio (Ro. 10:12-13). Esto nos devuelve al punto gnóstico, donde había cultos exclusivos para 'los iluminados'. Esto era especialmente a los que atendían al ágora, las plazas donde comúnmente se discutía sabiduría y doctrina. Lamentablemente, hemos adaptado esta idea al cristianismo, deseamos cerrar el Evangelio solo para cristianos con cultos exclusivos, iglesias de 'doctrina avanzada', sermones de niveles avanzados, cuando fuimos llamados a presentar esta realidad de Jesús a todo el mundo, a todas las naciones (Mt. 28:19-21). No existe tal cosa como iglesias avanzadas o cultos 'para cristianos ya conversos'. Todos los sermones deben llamar a creyentes y no creyentes al arrepentimiento.

El mensaje de Cristo que fue anunciado en Colosas, fue **en toda sabiduría**. Este es un término que, dentro del contexto de la carta, apela a que el conocimiento quedó abierto a todos, no quedó nada oculto acerca de la revelación total de Cristo al mundo (cp. He. 1:1-2) **a fin de presentar perfecto en Cristo Jesús a todo hombre**. Nótese la intención de Pablo con amonestar e instruir, no es para hacer pasar un mal rato o para él quedar bien e irreprensible contra los demás, no era por fama. La intención de Pablo (y de la Escritura) es amonestar y enseñar para poder perfeccionar nuestras vidas a la imagen de Cristo (Fil. 2:5).

En otras palabras, Pablo tenía el compromiso con la congregación de amonestarlos y exhortarlos para que siguieran dentro del estándar bíblico. Contrario a esto, muchas iglesias hoy día temen amonestar y exhortar a la grey por miedo a perder miembros, a quedarse sin audiencia. John MacArthur cuenta de un pastor que habló con él y, en su conversación, salió el tema de la exhortación, donde el pastor comentó "Mira John, en nuestra iglesia primero esperamos unos diez o doce meses antes de que los comencemos a aconsejar acerca de su pecado, para no ofenderlos". ¿Dónde raya eso, que no sea en lo absurdo? La primera palabra que se registra del ministerio de predicación de Jesucristo es 'Arrepentíos' (cp. Mt. 4:17) ¿No está claro el ejemplo? Nuestro llamado debe ser específicamente a predicar el arrepentimiento, en presentar el justo Juicio de Dios, su Santa Ira contra el pecado, la exhortación es a creer en Cristo para la remisión de pecados y la salvación. Es tan simple como asegurar que, aquél que no predica el arrepentimiento, no está comprometido con la grey, sino con su propia imagen. Sólo hay que ver a los grandes "tele-evangelistas", ¿no ellos predican tener fe y ya? ¿No sus mensajes son de compromisos y pactos con Dios y listo?

Pablo predica a Cristo; en sus palabras "es mi deseo que cada hombre conozca a Cristo manifestado… **por lo cual trabajo, luchando**". *Agonizomai* es el término griego que se utiliza y significa 'contender, sufrir, pelear con dificultades y peligros'. Pablo dice, entonces, que enfrenta este hecho con dificultades y peligros. Pablo, como lo vimos antes, enfrentó varias cárceles, azotes, apedreadas, látigos y vivió con una constante persecución en su contra hasta su muerte en Roma. Todo este proceso fue en favor de Cristo Jesús, estuvo dispuesto a vivirlo por la iglesia (Fil. 4:10-13). Aún añadido a esto, no lo hizo en sus propias fuerzas (cp. Fil. 4:13), sino que esto fue **según la potencia de Él, la cual [actuó] poderosamente en [Pablo]**. ¿Cuántos pastores, evangelistas, predicadores se jactan de sus propios logros? Dicen que ellos han soportado por sus propias fuerzas. Si lo han hecho así, si de verdad han vivido dificultades las cuales han soportado por ellos mismos, entonces no soportarán dos o tres pruebas más, como Juan Marcos (Hch. 13:13) quien desistió; es sólo por medio de la fe en Jesucristo que somos fortalecidos para continuar.

Siguiendo con el cuidado pastoral que Pablo tiene por los colosenses, él les comenta que **[quiere] que [sepan] cuán gran lucha [sostiene] por [ellos], y**

por los que están en Laodicea, y por todos los que nunca han visto [su] rostro. Este es el versículo con el que podemos argumentar que Pablo no visitó Laodicea ni Colosas (ni incluso Hierápolis, ciudad cercana a ambas anteriores), argumentos en favor de ello es que Lucas no hace mención de una parada en alguna de las iglesias de la provincia, pero se preocupaba por ellos al grado del sufrimiento, de la lucha por los hermanos, para seguir compartiendo el Evangelio. Por otro lado, ¿Cuántos 'hermanos' se dedican sólo a predicar y no a pastorear las iglesias que dirigen? Creen, como cierto cantante cristiano afirmó, que son pastores 'de siete trajes y siete sermones' puesto que, como se dedican a viajar, no conocen a la grey que pastorean, sus problemas, sus intenciones, sus mismas creencias (cp. 1 Co. 1:10). El pastor debe siempre estar velando/orando por las almas (cp. He. 13:17), está en constante búsqueda por la Palabra de Dios, es un varón irreprensible (1 Ti. 3:2). Esto significa que, todo hombre que se profese pastor pero que no cuide a la congregación, sino que se dedique a predicar 'de aquí para allá', que lo haga con otras intenciones que no sea el cuidado de los hermanos (cp. Col. 2:1-2) no puede ser considerado pastor. Caso contrario era el compromiso de Pablo con los colosenses y los laodicenses que, leeremos después, insta a que se lea esta misma carta en la ciudad vecina de Laodicea (cp. Col 4:16), puesto que era posible que tanto ésta, como Heriápolis, se hayan infestado de la herejía del gnosticismo.

Pablo quería que se supiera de su lucha **para que sean consolados sus corazones, unidos en amor**. Pablo presenta el propósito de su compromiso, desea que los colosenses estén unidos en amor y que sean consolados. La palabra en el original griego para 'consolados' es *parakaleo*, se trata de un vocablo que tiene varios significados; pero, en contexto, apela al fortalecimiento, el consuelo y el confortar los corazones de los hermanos. No se trata solamente de dar 'una palabra de consuelo' (como algunos tienen por costumbre en sus iglesias, simplemente motivar a sus escuchar), se trata de que se predique fielmente las Escrituras, el Espíritu Santo hará el resto (cp. 2 Ti. 3:16-17). Este consuelo, **hasta alcanzar todas las riquezas de pleno entendimiento, a fin de conocer el misterio de Dios el Padre, y de Cristo**, Pablo no descansaría hasta que los colosenses fuesen plenos en el conocimiento de Dios, eso es verdadero compromiso. Más adelante los seguiría exhortando al respecto (cp. Col. 3:16), esto como clara muestra de que Pablo no buscaba un mérito personal (1 Co. 3:3-5), sino que quería ver a los hermanos conscientes y plenos en el conocimiento de Jesús el Cristo. Pablo no esperaba ofrendas para poder compartir, no deseaba que se le asignara un salario mínimo para tomar el púlpito, no estaba pidiendo una marca de micrófono para predicar, una audiencia mínima; ¡No!, Pablo estaba dispuesto hasta a pagar por compartir, su anhelo era ver almas rogando misericordia a Dios, viendo como Jesús los salvaba del pecado y la muerte, no ser reconocido como el gran evangelista. Hoy día, ¿qué hermanos se comprometen a eso? ¿Quiénes están dispuestos a compartir todo lo que saben sin temor a formar maestros? Muchas iglesias, lamentablemente, prolongan sus enseñanzas sólo para frenar el aprendizaje de sus congregados y mantenerlos en un estado de 'coma espiritual', donde no avanzan en el conocimiento de la verdad, les privan del conocimiento divino y los adoctrinan a enseñanzas infinitas; siempre hay algo más profundo que ellos se reservan porque ellos están más iluminados, más preparados, más revelados; herejes, al final de cuentas. El caso más reconocido de adoctrinamiento indeterminado es el catecismo; ¿cuándo termina uno de aprender acerca de los concilios, doctrinas católicas, cultos, ceremonias, etcétera? Y, una vez aprendido, inicia el proceso del sacerdocio, entrar a seminarios, (en su momento) visitar Roma, aprender latín, griego. Dificultan el acceso al conocimiento porque creen entender que éste es el único con la verdad (cp. Gal. 1:7) ¡Pero esto es mero gnosticismo!

Ahora bien, no hay que malentender esta situación; no es que algún día lleguemos al conocimiento pleno de Dios (eso jamás sucederá aquí en la tierra), sino que los falsos hermanos nos imposibilitan el acceso a aprender cada vez más, repitiendo lo mismo una y otra vez (la misa, doctrinas y convenios), siempre existe este comentario 'y si yo les compartiera todo lo que se acerca de…'; El Evangelio no se trata de encontrar algo innovador o fresco, sino de ser edificados (cp. Jn. 5:39, He. 1:1-2, 1 Ped. 2:1-3).

Pablo entendió este concepto claramente, tanto que resume que es en Cristo **en quien están escondidos todos los tesoros de la sabiduría y del conocimiento**. En otras palabras, el compromiso de Pablo con la iglesia también implicaba darle la gloria a Dios, jamás jactarse de que él compartió algo de su sabiduría humana y hueca (cp. 1 Co. 2:4-5). En nuestra sociedad actual escuchamos acerca del *'coaching'* cristiano, las 'nuevas técnicas' de evangelismo, las formas nuevas de predicar, la oratoria cristiana, todo eso es un conjunto de enseñanzas anti bíblicas, encargadas de alabar al hombre y no a Dios. Siempre se tratará de Él a la hora de enseñar, jamás de quien enseña (cp. 1

Co. 3:5). Pablo le da su lugar a Dios como la fuente y origen de la sabiduría en toda su extensión, sin excepción alguna. Él conoce que la sabiduría de Dios es mucho más grande que la nuestra (cp. Is. 55:9-11). Esto destaca la necesidad de que todos los sermones, libros, estudios o cualquier cosa que se haga llamar 'cristiano' esté plagado de Biblia, ¿de qué sirve la sabiduría humana si ella no sólo vuelve vacía, sino que es vacía en sí misma (Pues sólo en la Palabra de Dios hay poder para hacer Su Voluntad cp. v. 11)?

Amados, es necesario entender que el ministerio realmente conlleva este compromiso con la grey.

El ministerio conlleva cuidado y enseñanza correcta.

Pablo, en su compromiso por el remanente fiel (cp. Col. 1:2) de Colosas, les comenta que tiene cuidado por ellos al pedirles que no se dejen cautivar por cualquier fábula, cuento o filosofía, Pablo comentó su testimonio, sus luchas, **y esto lo dijo para que nadie [los] engañe con palabras persuasivas**'. Pablo dio todo su discurso anterior (desde el 1:24) para que los Colosenses no fuesen engañados. La palabra que se traduce para 'engañe' (*paralogizomai*) viene de los términos griegos '*para*', que es 'contrario cuando se comparan lado a lado' y *'logizomai*' que es 'logizar, argumentar, comentar'. En otras palabras, Pablo estaba hablando de aquellos que razonan en contra de la Verdad. Esto incluye a muchos supuestos 'hermanos' que, como dice Judas, son 'nubes sin agua... árboles otoñales' (cp. Jud. 12). Hay pastores, incluso, que han blasfemado al querer razonar el Evangelio fuera de la luz de las Escrituras; he aquí algunos ejemplos de citas desde sus púlpitos: 'La Gracia de Dios es como una prostituta... a ninguna de las dos les importa con quien se meten... no les importa tu pasado... una lo hace con cualquiera, la otra, también' (Dante Gebel); 'Jesús no fue Dios en la Tierra, porque si no, no hubiera tenido chiste el sacrificio' (Gustavo Falcón, Vástago Epicentro -niega la unión hipostática-). El engaño no puede ser con cosas no convincentes, no te van a decir "ven, vamos a apostatar de la fe, vayamos en pos de dioses ajenos y neguemos a Jesucristo". ¡Claro que no! Pablo dice que sería con 'palabras persuasivas' (*pithanologia*), es decir, que sería un discurso para convencer, que atraparía poco a poco.

Otro ejemplo de estas palabras persuasivas es el llamado 'evangelio de la prosperidad'. Un mensaje motivacional, centrado en el hombre lleno del deseo humano de ser como Dios (cp. Gen. 3:4-5). Este mensaje está perfectamente escondido en el centro de la teología de la prosperidad, engañando con aspecto de piedad a todos aquellos que ponen sus esperanzas en esta enseñanza que, más que conducirnos a una vida en santidad, nos llevan corriendo a las brasas del juicio de Dios por blasfemar.

Pablo realizó un análisis de lo que estaba pasando en Creta unos años después y redactó a Tito la necesidad de lo mismo, de 'tapar la boca' a los cretenses (cp. Tit. 1:10-11). Ahora bien, ¿cómo es que sucede esta apostasía? ¿Ya hay un patrón reconocible? Si, gracias a Dios lo hay y el principio queda claro en Gál. 1:6-10 (énfasis en v.10). Es el agradar a los hombres lo que lo hace falso, el evangelio que acomoda al oído (cp. 1 Co. 2:2-4). Sólo hay que comparar títulos de libros y sermones como 'Esclavo', 'Difícil de creer', 'El Evangelio según Dios', 'La Voluntad de Dios', 'Avergonzados del Evangelio', 'Despierta, Latinoamérica!', 'Verdades que confesamos', contra estos otros, humanistas y llenos de postmodernismo y positivismo como 'Como lo digas es como será', 'Tu mejor vida ahora', 'Actitud de campeón', 'Dios me tocó', 'Piense mejor, viva mejor', 'El poder del Yo Soy'. El patrón de reconocimiento es claro, el sermón, el pastor, el mensaje, todo lo que rodee un culto cristiano debe de ser bíblico (cp. Hch. 17:11) y, por conclusión, Cristocéntrico (cp. Jn. 5:39).

Pablo estaba más que gozoso de la fidelidad de los

hermanos de Colosas, por ello les comenta que, **aunque [está] ausente en cuerpo, no obstante en espíritu [está] con [ellos], [gozándose] y mirando [su] buen orden y la firmeza de [su] fe en Cristo**. Esto es un llamado, por medio del ejemplo, a ser fieles a Cristo; amados, no estamos en la mayor de las consecuencias, nuestra vida no está en juego por publicar y predicar fielmente a Jesucristo, lo peor que nos puede pasar es que nos ofendan, que nos hagan un mal gesto o que simplemente nos ignoren. Amados, ¡debemos ser fieles a la Palabra de Dios!

El ministerio conlleva exhortación.

Pablo da una instrucción clara al principio del versículo seis, consecuencia de [haber] recibido al Señor Jesucristo, andad en Él, y no solamente en simpleza de palabras, sino arraigados y sobreedificados, para que ellos mismos [abunden] en acciones de gracias.

Volvamos al texto inicial, Pablo comienza el versículo argumentando: **Por tanto, de la manera que habéis recibido al Señor Jesucristo**. Primeramente, las palabras 'por tanto' con las que el apóstol comienza el verso, nos llaman a reflexionar en lo que leímos, refiriéndonos a la firmeza y la longanimidad con la que los colosenses, santos y fieles, se aferraban a su fe. Por otro lado, el mismo texto apela a cuando los colosenses escucharon por primera vez el mensaje de Jesucristo, posiblemente por medio del evangelista, y después pastor de su iglesia, Epafras (Col. 1:7). Y, retomando un poco este sentir, podemos recordar que a Epafras, Pablo lo llama un 'fiel ministro', puesto que expone de manera correcta el Evangelio, ya hemos venido estudiando cómo es esto: Por medio de la predicación fiel y con precisión del Evangelio (1 Co. 1:17, 21, 23; cp. 2 Ti. 4:2).

Sobre la acción **andad en Él**, la palabra 'andad', por el original *peripateo* y, de acuerdo con la conclusión de muchos comentaristas, puede tener un mejor entendimiento al traducirse como 'orbitar, caminar alrededor de'. Esto no solamente fue un consejo, es un imperativo activo, es decir, a nosotros también nos toca obedecer, debemos de andar en Él. En el contexto del mensaje, podemos ver como Pablo no se tentó a pedir un favor, o a bendecir solamente a sus amados hermanos en Colosas, sino que los exhortó a continuar en el camino, a permanecer fieles (cp. Col. 1:2). No podemos quedarnos con el simplismo de motivar a los hermanos, decirles que son amados, que sus pecados no importan, que todo estará bien a pesar de nuestras malas acciones. Debemos predicar el arrepentimiento, llamar a las personas a venir a Cristo y, fielmente, seguir Su Palabra (Hch. 2:38).

¿Cuál es el ejemplo más claro de una predicación fiel? Jesucristo. Su primera frase al comenzar su ministerio, la frase que comenzó con el mensaje de salvación que Cristo Jesús trajo fue "arrepentíos, porque el reino de los cielos se ha acercado" (cp. Mt. 4:17). Jesús mismo no llamó a motivarnos, no nos dio una compilación de frases que exaltan al hombre, su sermón no se basó en *notas de Dios*, son verdades necesarias para conocer a Dios y Su Plan para todos.

¿Cómo debemos estar en acciones de gracias? ¿Que evidencia esta gratitud a nuestro Señor? El estar **arraigados y sobreedificados en él, y confirmados en la fe**. Nuevamente, vemos algo que ya estudiamos (cp. Col. 1:23), cuando Pablo los exhortó a mantenerse firmes, y volvemos al contexto del ministerio; muchas veces, es común ver iglesias que se dejan llevar por las corrientes novedosas del *postmodernismo*. Iglesias con luces de colores, conciertos en lugar de cultos de adoración, predicaciones de cinco o seis minutos, entre otras cosas. El llamado de Pablo es a permanecer en la ortodoxia, en cimentarse en el Evangelio solamente, a modo que el cimiento no sea removido.

¿Esto acaso era una enseñanza nueva para los colosenses? De ningún modo, Pablo les dice que esta confirmación debe ser **así como [habían] sido enseñados**. Esto apela a que ellos ya conocían la verdad de Cristo, la realidad del Evangelio, la exhortación es a seguir allí, seguir en la ortodoxia. Muchos siguen idealismos inundados de nuevas doctrinas; no se trata de sacar cosas nuevas, nuevas revelaciones o sueños y visiones, se trata de seguir exaltando la Persona de Cristo por su vida, muerte y resurrección para la Gloria de Dios Padre. Incluso, la Biblia da claro ejemplo de que toda doctrina nueva debía ser completamente desechada (porque muchos tomaban la idea gnóstica al límite, cp. Tit. 1:12-16). La enseñanza del Evangelio, ahora bien, no se cimentaba en lo que Pablo decía, sino en lo que las Escrituras dictaban (Hch. 17:11). Esta enseñanza, al entender el perfecto sacrificio de Cristo no hace estar en contentamiento, **abundando en acciones de gracias**; nuevamente, Pablo presenta la forma correcta de acercarnos a Dios; si la enseñanza es correcta, entonces agradeceremos a Dios por Su Soberanía y completo control sobre toda situación (cp. Ef. 2:8-10).

Es imprescindible que el ministro de Dios tenga características esenciales en su vocación (1 Ti. 3, Tit. 1). Que sea sufrido, obediente, comprometido con la grey, cuidadoso al enseñar y dispuesto a exhortar son solo unas pocas características que conlleva el obispado/pastorado/ministerio. Sin duda, es una labor muy difícil, pero Dios nos ha solicitado a todos que anunciemos con fidelidad lo que Él nos ha mandado guardar por medio de sus instrumentos, compilados en Su Palabra, inerrante, infalible, suficiente. A Él sea la Gloria.

Identificando al Cristo Auténtico -Cinco características de Jesucristo- (2:8-15).

Pablo ya dio una tesis completa acerca de la persona de Cristo en Col. 1:15-20, sin embargo, en este bloque repite la advertencia de la exhortación que hizo unos versos antes al comentarle al pueblo colosense '**mirad que nadie os engañe por medio de filosofías**'. Este bloque de Colosenses se puede considerar como el núcleo teológico de la carta, pues aborda en su totalidad la lucha contra el *gnosticismo*, herejía que predominó en la zona de Laodicea. Sin embargo, este bloque también contempla todo aquello que no tiene sentido en sí mismo, aquello que no presenta algo edificante, de avance en el crecimiento espiritual, todo aquello que podemos considerar **huecas sutilezas**.

Este bloque obedece a algo muy cierto y es que Pablo sigue insistiendo en que no se puede continuar enseñando **según las tradiciones de los hombres, conforme a los rudimentos del mundo, y no según Cristo**. En Hierápolis y Colosas se presentaba a Jesucristo como un iluminado, un profeta más, o un ente dividido como Dios y hombre. Por lo tanto, Pablo decide atacar directamente a las falsedades que rodeaban la zona y presenta cinco características que nos permiten identificar al Cristo

Auténtico.

El Cristo auténtico es Dios hecho carne.

¿Por qué decimos esto? **Porque en él habita corporalmente toda la plenitud de la Deidad**. Esta es la estocada directa contra el *gnosticismo*. En realidad, si tuviese que resumir toda la carta a los Colosenses en una sola frase, sería citando al apóstol en este verso. El ataque es contra los gnósticos, estos hombres que pensaban que, al ser puro lo divino e impuro lo material, Jesús y Cristo debían ser dos seres distintos; de aquí se desprendieron varias herejías similares, como los *docetistas* que decían que Jesús y Cristo fueron uno mismo, pero entes separados al mismo tiempo, o los *arrianos*, que creían que Jesús era un profeta, negando por completo la Trinidad -más adelante, el concilio de Nicea se encargaría de condenar al arrianismo por su herejía-, como más adelante lo serían Mahoma, Buda o Joseph Smith.

Hoy día vemos como muchos grupos, incluso llamados 'cristianos', que argumentan este mismo punto: 'Cristo no puede ser Dios porque…'. Pregunto yo, ¿Es que acaso no ven su error? ¿No leen su Biblia? La Palabra lo dice de principio a fin: Jesucristo es Dios (Jn. 1:1) y todo el que lo niegue está negando a Dios mismo, confirmando que sus conclusiones son heréticas, anti bíblicas y blasfemas (1 Jn. 4:1-6). Amados, esto es fundamental en la fe del cristiano, saber y entender que Cristo Jesús es nuestro Dios, Señor y Salvador. No permitamos que sectas heréticas tomen la Palabra de Dios y la tuerzan, es indispensable que entiendan que la Palabra es Verdad Pura (Jn. 17:17).

La palabra que Pablo utiliza para 'plenitud' (*pleroma* la cual viene de *pleroo*) significa 'total cumplimiento', 'completo', 'lleno/abundancia de' y nos da a entender que Cristo no fue 'parcialmente Dios, parcialmente hombre', tampoco que hubo un momento en que 'no fue Dios'; sino que, desde su concepción, hasta su asunción, Él ha sido (y es; y será) completamente Dios. Varias sectas hoy día lo niegan, como el mormonismo (quienes aceptan a Jesús como Hijo de Dios, pero no como Dios) o los testigos de Jehová (quienes no sólo aceptan a Jesús como Hijo de Dios, sino que le atribuyen el distintivo 'ser divino' pero niegan su divinidad al decir que no es Dios).

El Cristo auténtico es Autoridad absoluta.

No necesitamos a un segundo salvador, un segundo sacrificio, una segunda justificación por lo que dice la primera frase del verso, **[que] vosotros estáis completos en Él**. ¿Esta frase necesita estudio a profundidad para su comprensión, acaso? Pablo lo deja tan claro como el agua, Cristo es nuestra plenitud.

El apóstol usó la misma expresión que en el verso anterior (*pleroo*), para darnos a entender que, así como en Cristo Jesús está la plenitud de Dios, en nosotros vive ya Cristo Jesús de forma plena (cp. Gál. 2:20-21). Los gnósticos apelaban a que nunca terminaríamos de aprender (lo cual es correcto, en parte) pero así justificaban la restricción del conocimiento sólo a la élite de la sociedad (lo cual ya no es correcto). El punto era llevar a los discípulos a seguir un camino eterno de aprendizaje, aquí y en un supuesto mundo espiritual subsecuente. Un absurdo, considerando que la verdad la hallamos sólo en Cristo (Jn. 5:39).

¿Cuántos pastores/predicadores/maestros nos han *vendido* un evangelio por partes? Primero, nos presentan a Cristo como suficiente; pero, una vez que prestamos atención, nos dan una serie de 'segundos pasos' para alcanzar una *plenitud de la vida cristiana.* Ejemplos de esto son el 'bautismo en agua', 'la confesión de fe', 'la comunión/misa/cena del Señor', 'la presentación ante el presbiterio'. No podemos decir que no son recordatorios o incluso ordenanzas bíblicas, pero sí podemos aclarar que ninguno de estos 'pasos' aseguran o avanzan en pro de nuestra salvación, es sólo la fe en Cristo Jesús (cp. Ef. 2:8-9).

¿Por qué creemos esto? Cristo, el Suficiente Salvador, **es la cabeza de todo principado y potestad**, esto apela a la completa autoridad y señorío de Dios sobre todo (Is. 40). Dios tiene autoridad sobre todas las cosas porque Él las creó (Jn. 1:3). Y siendo Él la autoridad, no requerimos de intermediarios humanos, puesto que gracias a -y por medio de- Su Sacrificio tenemos libre entrada al Padre (He. 4:16).

El Cristo auténtico no promueve la salvación por obras.

Cuando Pablo menciona que **en Él también fuisteis circuncidados** está cambiando completamente el objetivo al que apunta, dejamos a un lado la defensa de la Persona de Cristo, para defender ahora la Obra Perfecta de Cristo; en este caso es contra los judaizantes. Durante mucho tiempo, los judaizantes afirmaban que la salvación sólo se conseguía con la fe en Cristo y guardando la ley Mosaica, por lo que los cristianos debían bautizarse, circuncidarse, guardar el sábado, diezmar, negar su propia patria, cultura, lengua y hasta gastronomía para seguir el judaísmo. Esta práctica se volvió 'religiosa' en extremo, al punto de que guardar la ley Mosaica era incluso más importante que la fe en Cristo Jesús; esta era la secta de los judaizantes, y hoy la vemos, en cierto grado teológico, en las iglesias de hoy en día.

Esta doctrina herética ya había sido rebatida por Pablo, cuando escribe a los Gálatas que un evangelio distinto es falso (Gál. 1:6-9), que la ley no es necesaria para ser salvo (Gál. 2:20-21) y que no hay tal cosa como distinción entre judío y gentil para Dios en cuestión salvífica (o soteriológica, Gal. 3:28).

El punto más importante para los judaizantes era que los cristianos se circuncidaran; es por eso, que en la defensa Paulina, se menciona que la circuncisión que Cristo realiza en nosotros es **con circuncisión no hecha a mano**; esto hace referencia a que Cristo realizó el pacto con nosotros a través del bautismo y la fe en Él. Es solamente por la fe en Él que tenemos la salvación e incluso esta fe proviene de Dios (Ef. 2:8). Esto apela a la frase que se proclamó durante toda la Reforma Protestante iniciada en 1517, La Salvación es del Señor, ¡Sólo a Dios es la Gloria!.

Para muchos, el hecho de que la Salvación sea solamente Obra Perfecta del Señor (Dios te predestina, Dios te escoge, Dios te llama, Dios te salva, Dios te persevera) causa conflicto, porque hemos sido adoctrinados a la manera humanista de ver la Biblia, sin poder entender totalmente que el objetivo de la Salvación es glorificar a Dios (Fil. 2:11).

Pablo continúa diciendo que esta salvación fue **al echar de vosotros el cuerpo pecaminoso carnal en la circuncisión de Cristo**, lo cual implica la limpieza total de nuestro cuerpo, por Cristo Jesús (cp. 1 Co. 1:2, Él ya lo hizo). El trabajo de Jesucristo durante su ministerio y en Su Cruz, implicó limpiarnos de todo nuestro pecado (1 Jn. 1:9 cp. 2 Co. 5:21).

Lamentablemente, hay denominaciones que han tratado de evidenciar la necesidad de la constante purificación de este mundo, invitándonos a nombrar un sinfín de demonios aún dentro de nosotros, un grupo de cosas externas que trabajar, que tenemos que seguir limpiando de nosotros agentes externos que nos están atacando y atormentando, siendo que, Cristo viviendo en nosotros, ha limpiado todo de manera efectiva (2 Co. 5:17). No podemos continuar creyendo que la Cruz fue inefectiva, porque eso es una mentira -esto nos lleva al siguiente punto, que veremos más adelante-.

La efectividad de la Cruz de Cristo nos lleva a su sepultura, en la cual participamos **sepultados con él en el bautismo, en el cual [fuimos] también resucitados con él**. Este es un pasaje que nos lleva a entender que el bautismo, junto con la realidad de que es una afirmación pública de nuestra fe, es un símbolo de la muerte y resurrección junto con Cristo (cp. Gál. 2:20). Sin embargo, conforme a nuestra aplicación, entendemos que Pablo quiso dejar esto claro para dar a entender que nada de lo que hicimos (o hagamos) será contribuyente de nuestra salvación, pues es en su muerte (y su resurrección) que nosotros somos salvos (Jn 3:14-15). Y es **mediante la fe en el poder de Dios que le levantó de los muertos** que somos salvos; nuevamente, haciendo esto un regalo de parte de Dios (incluyendo la fe en Él, por medio del Espíritu Santo, para que 'nadie se gloríe', cp. Ef. 2:9).

El Cristo auténtico completó eficientemente su obra.

Pablo presenta ahora una serie de cosas que Cristo hizo, pero notamos la eficacia de cada una de ellas, porque no deja cabos sueltos. La Obra de Cristo se puede apreciar perfectamente en el décimo noveno capítulo del Evangelio según San Juan; en la lectura llegamos al verso treinta, donde Jesús pronuncia la frase "Consumado es". Cristo no dijo "Aquí inicia", ¡No! Cristo satisfizo la Ira Santa de nuestro Dios por el pecado, consumó el pago, saldó la deuda, y lo hizo justo en favor de **[nosotros], estando muertos en pecados y en la incircuncisión de [nuestra] carne'.** ¿Qué implicaciones tiene esto? ¿Qué alcance tiene el sacrificio de Cristo?

Primeramente, **[nos] dio vida juntamente con Él**. No nos dejó en un estado de media vida, no somos una especie de 'zombis espirituales', sino que Cristo, eficientemente, nos ha dado vida completamente. Ha habido una serie de comentarios respecto a esto, puesto que muchas iglesias han adoptado el herético modelo de que Cristo no es suficiente para 'tener vida'; es necesario un segundo bautismo, una serie de cursos, una unción especial, hablar en lenguas, realizar milagros, incluso profetizar, entre otras cosas. Nuevamente, el objeto aquí es demostrar que Dios dejó muy clara la situación, Cristo SI es Suficiente, porque Él es el único camino (Jn. 3:16-21 cp. Jn. 14:6).

¿Cómo nos dio vida? ¿Pues, cómo consiguió tan regalo? ¿No se supone que, por nuestros pecados, fuimos destituidos de Su Presencia? Fue **[perdonándonos] todos los pecados**. La palabra que se usa para 'todos' ya la hemos visto unos capítulos antes (*pas*) y apela a lo completo, absoluto, sin excepción. Pasados, presentes y futuros pecados han sido perdonados; esto disuelve toda idea de un purgatorio, un segundo sacrificio, una necesidad de segundo -tercer, cuarto, quinto...- arrepentimiento, perder la salvación (por causas de pecado o conciencia), y demás declaraciones anti bíblicas. Cristo, por medio de su muerte en la cruz, ha logrado el perdón de todos nuestros pecados (Is. 1:16-18).

Si por medio de Cristo hemos sido perdonados, **anulando el acta de los decretos que había contra nosotros, que nos era contraria**'. El original griego (*cheirographon*) apela a un documento escrito a mano, una nota legal o fianza en contra nuestra; un juicio con sentencia previa había sido puesto sobre nosotros debido a nuestra naturaleza pecaminosa (Rom. 3:23). Pero Cristo la anuló completamente, el -como lo vimos unos párrafos antes- satisfizo la Ira Santa de Dios por el pecado -y el pecador- (cp. Pr. 6:16-19) y nos dio la oportunidad de tener acceso a la vida en Él (Ro. 6:23b). ¿Cómo lo hizo? Nuevamente, este acto apela a su ministerio terrenal, pues anuló este acta **quitándola de en medio y clavándola en la Cruz**. ¡Ya no hay más!, si quedan dudas acerca de cualquier tipo de maldición, maleficio, hechizo o cosa rara que creemos sobre nosotros, este versículo es claro; Cristo anuló todo lo que estaba en contra nuestra.

El Cristo auténtico no tiene dualismos.

Este último punto debe quedar muy claro, pues es importantísimo para la doctrina, tanto en tiempos de Pablo, como ahora. La sociedad *gnóstica* (y la postmoderna) adoptaron la idea aristotélica y platónica de los dualismos, el equilibrio moral que apela a una contrariedad de fuerzas de la misma magnitud; es decir, 'si hay un negro, hay un blanco; si hay un cero, hay un uno; si hay luz, hay oscuridad y todas estas, deben mantener un perfecto balance, de modo que una no supere a la otra, un *justo medio*'. Lamentablemente, muchos grupos 'cristianos' han adoptado esta idea, argumentando que 'por cada ángel, hay un demonio', o 'por cada mala obra que haces, debe de haber una buena'; hay quienes llegan al extremo de creer que 'Dios y Satanás son similares en fuerzas' sólo para presentar una lucha de fuerzas equilibradas. Amados, esto toca fibras muy delgadas, incluso al punto de discutir sobre la naturaleza misma de nuestro Dios.

Esto anterior NO es así, Dios es el único Ser Omnipotente, por lo que nadie le puede hacer frente (Dan. 4:35), asimismo, Él decidió mostrar su infinito Poder cuando **[despojó] a los principados y a las potestades**, la palabra griega *apekduomai*, que traduce la palabra 'despojando' significa, literalmente, 'desarmar por completo'; los desnudó, les quitó absolutamente todo ¿Dónde queda la igualdad de fuerzas? ¿Dónde está el dualismo? ¡No hay!, Dios es Autoridad Suprema, no hay -ni habrá- quien se iguale a Él. Para continuar con la demostración de la Superioridad absoluta de Cristo, el apóstol comenta que, a estos mismos principados y potestades, **los exhibió públicamente**; la palabra para 'exhibió' (*deigmatizó*) significa 'avergonzar, exponer, hacer una demostración de'. Cristo, por medio de su Cruz ha hecho una demostración de su Eterno Poder e Infinita Autoridad sobre todo ser en el universo. ¿No queda claro? ¿Es necesario continuar? Cristo mostró su total autoridad **triunfando sobre ellos en la cruz**. No queda duda acerca de la Superioridad de nuestro Dios (Is. 44:6). No sigamos con blasfemias que exaltan al hombre, mucho menos al mal.

En conclusión, sobre todas las cosas, debemos entender que Cristo no está hecho 'a la medida del comprador'; somos nosotros quienes debemos amoldarnos a la medida de Cristo, el único y verdadero Cristo, el Jesucristo Auténtico que vino a darnos un claro ejemplo de Amor puro. Debemos anclarnos a ese Cristo Auténtico y seguir sus pisadas, nos puede costar la reputación, a Él le costó la vida (1 Jn. 1:5-10, 4:1-6). Sigamos al Cristo Auténtico, al Cristo que está en la Biblia (Jn. 5:39) A Él sea la Gloria.

PLENITUD Y SUFICIENCIA DE CRISTO (2:16-23).

Por tanto, nadie os juzgue en comida o en bebida, o en cuanto a días de fiesta, luna nueva o días de reposo, todo lo cual es sombra de lo que ha de venir; pero el cuerpo es de Cristo. Nadie os prive de vuestro premio, afectando humildad y culto a los ángeles, entremetiéndose en lo que no ha visto, vanamente hinchado por su propia mente carnal, y no asiéndose de la Cabeza, en virtud de quien todo el cuerpo, nutriéndose y uniéndose por las coyunturas y ligamentos, crece con el crecimiento que da Dios. Pues si habéis muerto con Cristo en cuanto a los rudimentos del mundo, ¿por qué, como si vivieseis en el mundo, os sometéis a preceptos tales como: No manejes, ni gustes, ni aun toques (en conformidad a mandamientos y doctrinas de hombres), cosas que todas se destruyen con el uso? Tales cosas tienen a la verdad cierta reputación de sabiduría en culto voluntario, en humildad y en duro trato del cuerpo; pero no tienen valor alguno contra los apetitos de la carne.

Plenitud en Cristo - Tres aspectos donde no crecemos como cristianos (2:16-23).

Revisamos con anterioridad la plenitud en Cristo, el Cristo Auténtico, esto debido a que Pablo exhortaba a los hermanos a no dejarse llevar por doctrinas extrañas y filosofías huecas (Col. 2:8). Luego, presenta a Cristo como la fuente de la plenitud, en Él estamos completos. En esta porción, ahora, veremos como es que muchos supuestos 'cristianos' de la región pretendían imponer leyes humanas 'complementando' el cristianismo correcto que tenían los colosenses, en su mayoría, los judaizantes. La iglesia hoy día sigue enseñando parte de esa doctrina, pues llaman al 'crecimiento cristiano' por medio de muchas cosas que simplemente no son Cristo. Vemos, entonces, tres aspectos donde no crecemos como cristianos; como nota a pie de página, muchos creen que ésta es la preocupación principal que expresó Epafras a Pablo en Roma, por lo que decidió escribir esta epístola.

No crecemos con la imposición de la Ley.

Pablo comienza el texto a estudiar con una conjunción inferencial: **por tanto**. Con esto, nos obligamos a ver hacia atrás, puesto que Pablo está concluyendo con algo que ya enseñó, y esto es la

Plenitud de/en Cristo (Col. 2:8-15). En otras palabras, podemos decir 'debido a esto que les acabo de comentar, dado que ya hablamos que Cristo es más que suficiente', **nadie os juzgue en comida o en bebida**; este es un argumento que Pablo utiliza, gracias a que ya estamos completos en Cristo. Probablemente, debido al contexto histórico de Colosas, los judaizantes juzgaban a los gentiles por sus hábitos alimenticios; esto inducido porque la tradición judía era no comer alimentos impuros (Lv. 11), a pesar de que Dios ya había removido esta restricción (cp. Hch. 11:5-9). Pablo no está diciendo 'sean glotones, tengan gula' porque también es pecaminoso (Pr. 23:19-21), sino que exhorta a los que comen de todo y los que no comen de todo, los trata como mismo (Ro. 14:1-4). Esto tiene claramente una implicación en la actualidad; puesto que muchos 'hermanos' juzgan a los otros por comer cerdo, sangre, pan de muerto u otros alimentos (1 Ti. 4:1-3); complementario a esto, Pablo había escrito antes a la iglesia en Corinto -55 dC- con respecto a comer o no comer por causa de la conciencia de nuestros hermanos (1 Co. 8:4-13).

El caso de 1 Corintios 8 muestra tres puntos principales, precisamente hablando del juicio en cuanto a la comida; primeramente, que no hay ídolo a quien se le consagra un alimento, son piedras labradas, son maderas talladas (1 Co. 8:4-6 cp. Sal. 115:4-8). Sin embargo, hay hermanos que no son plenamente conscientes de esta realidad (1 Co. 8:7-8) por lo que, Pablo insta a que no sean tropiezo unos de otros (1 Co. 8:9-13). En una 'pequeña conclusión', podemos decir que este punto depende de la consciencia de cada uno de nosotros; no pecamos al comer, no pecamos al no comer, pecamos al obstaculizar la conciencia del 'débil en la fe' (Ro. 14:1). No crecemos con imponer dietas basadas en la Ley mosaica.

Ahora bien, los juicios no deben de ser sobre los hábitos alimenticios **o en cuanto a días de fiesta, luna nueva o días de reposo**; esto implica que los judaizantes estaban obligando a los cristianos gentiles a seguir fiestas anuales como la pascua, los tabernáculos, la expiación, entre otras (cp. 1 Cró. 23:31, Lv. 23). Sobre este punto, Pablo tampoco trataba de abolir el quinto mandamiento (Ex. 20:8), pero si el no generar leyes humanas derivadas de este mandamiento; la Ley de Dios es perfecta, infalible (Sal. 19:7), nuestras leyes son imperfectas, falibles. Aplicando este verso, muchos hermanos juzgan el guardar fiestas no sólo judaizantes, sino tradicionales, como la pascua -o semana santa- o navidad; amados, hay que entender, nuevamente, que depende de la consciencia de cada uno (Ro.

14:5-6a). La Biblia claramente marca que no crecemos al guardar estas cosas, en el sentido meramente salvífico (tu y yo no seremos 'más salvos' por guardar el sábado, la pascua o los tabernáculos). Esto, finalmente, no es un permiso para guardar días paganos, fiestas mundanas e impuras, sino para honrar a Dios a través de recordatorios en fechas específicas pero no pasará de esto, recordatorios.

Son estas las fechas que los judíos guardaban, interpretándolas como una forma en la que Dios se agradaba por dichas prácticas; sin embargo, Pablo dice que **todo [eso]... es sombra de lo que ha de venir**. Muchos comentaristas apuntan a la bendición eterna de los cielos nuevos y la tierra nueva, lo que parece la mejor interpretación de esta frase. La palabra sombra (*skia*) se traduce del griego como imagen, proyección, *outline* o simplemente, sombra; esto nos da a entender que el cumplimiento de los mandamientos (Ex. 20), es una sombra, una imagen externa del mundo venidero (Ef. 2:7, He. 2:5), donde no habrá pecado y honraremos a Dios con *todas* nuestras obras, **pero el cuerpo es de Cristo** (cp. He. 10:1). Siguiendo la imagen que Pablo utiliza 'sombra', el objeto que proyecta dicha sombra, es Cristo. La Plenitud de Cristo se muestra claramente aquí; Robert Jamieson lo comenta así *'La sustancia completa de las bendiciones tipificadas por la Ley* *pertenecen a Cristo'*.

No crecemos con la imposición de doctrinas humanas.

A pesar del esfuerzo de los colosenses por mantenerse 'fieles' (cp. Col. 1:2), es muy probable que haya habido un grupo de 'contumaces' (Tit. 1:10-11) que estaban imponiendo doctrinas heréticas entre los cristianos de la zona. Bajo el contexto histórico de la carta, se cree que hubo una inundación en Colosas, de las cuales, los judíos propagaron la idea de que el arcángel Miguel los salvó, por lo que le rendían adoración. **Nadie os prive de vuestro premio** del griego *katabrabeuó*, implica una condenación, un juicio en contra de alguien; muchos comentaristas y diccionarios (incluyendo la referencia STRONGS), presentan esto como una manera de *apostasía*; es decir, Pablo estaba advirtiendo a los hermanos que hay falsos hermanos (Gál. 2:4) que abandonaron la fe, consciente o inconscientemente, para seguir doctrinas heréticas (1 Ti. 4:1). Ahora, ¿Cómo es que estas personas pueden privarnos de nuestro premio? ¿Cómo es que pueden llegar a juzgarnos condenatoriamente? Esto **afectando humildad y culto a los ángeles**; el término 'afectando' puede traducirse del original (*thelo*), para su mayor comprensión, como 'queriendo, deseando'. En otras palabras, se entregaban a una humildad propia, de su imaginación.

Bajo los pretextos de la inundación que afectó Colosas, como lo comentamos antes, muchos judíos comenzaron a rendir culto a los ángeles, argumentando que no solo fueron los dadores de la Ley (Gál. 3:19), sino que el mismo arcángel Miguel (según la tradición griega) abrió un hoyo en el suelo, el cual succionó el agua que inundó la ciudad. El problema con este tipo de fábulas, es que muchos se creen humildes -como el verso lo argumenta- acercándose a Dios por medio de intermediarios, intercesores y patrones, e incluso obligando a otros a hacerlo -como hoy lo hace la iglesia católica, al realizar intercesiones con los patrones-. La Biblia claramente refuta y niega esta idea (1 Ti. 2:5-6). Pablo describe que el hombre que enseña estas fábulas está **entremetiéndose en cosas que no ha visto**. Las mejores traducciones, basadas directamente del griego, apelan a que esta frase se traduce mejor como 'especulando en cosas que ha visto'. La intención que Pablo quiso dar con esta frase es clara, quien hiciera esto estaba **vanamente hinchado por su propia mente carnal**. Creían tener sueños, visiones, experiencias que 'confirman su fe' cuando la Biblia habla de la fe como algo que no es por vista (cp. Jn. 20:29, 2 Co. 5:7, He. 11:1), una traducción distinta y aceptable puede ser 'envanecidos'.

Otros más hacían esto para ser reconocidos por el hombre, para adquirir fama, por ser -como algunos contemporáneos- 'el hombre que viajó al cielo', 'la mujer que fue al infierno y volvió', 'el niño que conoció y platicó con Jesús'. Libros y libros han sido escritos alrededor de experiencias que, supuestamente, ellos han tenido sobre visitaciones celestiales o infernales. El que está en dicha situación, esta endureciendo su mente por su orgullo **y no asiéndose** –(*krateó*) o sujetándose fielmente- **de la Cabeza**. En otras palabras, este hombre ha abandonado a Cristo, ha apostatado.

Y, amados, no es que estemos en contra de estas experiencias simplemente por deseo, sino que hasta el mismo apóstol Pedro hizo un comentario similar sobre este punto (2 P. 1:16-21) argumentando que ninguna experiencia va a ser mayor que las Escrituras, estas son la revelación final y suficiente de Dios a los hombres (He. 1:1-2).

Volviendo al argumento de Pablo, si este hombre se hubiese asido de Cristo **en virtud de quien todo el cuerpo**, es decir, la Iglesia, **nutriéndose y uniéndose por las coyunturas y ligamentos, crece con el crecimiento que da Dios**. Nuevamente vemos la Plenitud en Cristo; no requerimos de experiencias extra bíblicas, revelaciones nuevas, ni enseñanzas heréticas, Cristo es suficiente para crecer en el conocimiento que da Dios (2 Ti. 3:16-17).

No crecemos con la imposición de mandamientos humanos.

El apóstol continuó su argumento alrededor de la plenitud solamente en Cristo; **pues** -el cual se omite de los originales- **si habéis muerto con Cristo en cuanto a los rudimentos del mundo**, esto incluye tradiciones humanas y la ley mosaica; si hemos muerto con Cristo a todo esto, pregunta Pablo: **¿por qué, como si vivieses en el mundo...?**, es decir, como si Cristo no hubiese muerto en la Cruz por nosotros, ¿notan la gravedad de esto? (1 Jn. 2:15); este es un tema de salvación, puesto que Pablo habla de los que asumen salvación por obras, **os sometéis a preceptos**; la palabra griega *dogmatizó* traduce 'sometéis', aunque una traducción más precisa puede ser 'dejar imponer/sufrir'. En otras palabras, sufren su 'cristianismo' añadiendo reglas humanas. Lamentablemente, hay falsos maestros que se dedican a esto, imponen reglas innecesarias en las congregaciones, aún con el cinismo de decir que no promueven un evangelio por obras. Este deseo por compartir un evangelio donde es necesario cumplir mandamientos humanos no es el evangelio de Cristo, es un falso evangelio, es anatema (Gál. 1:6-9).

¿Qué clase de mandamientos son estos? ¿Hay ejemplos en la Biblia? Basta con leer la siguiente línea, hay **tales como: No manejes, ni gustes, ni aún toques (en conformidad a mandamientos y doctrinas de hombres)**. Notemos como cada vez la graduación de la superstición de estos mandamientos de hombres es mayor; primero, no manejes; luego, no gustes; y en el extremo de la superstición, ni aún toques. Justo de esto se refiere Pablo a Tito cuando comenta que '*Todas las cosas son puras para los puros, más para los corrompidos e incrédulos nada les es puro; pues hasta su mente y su conciencia están corrompidas. Profesan conocer a Dios, pero con los hechos lo niegan, siendo abominables y rebeldes, reprobados en cuanto a toda buena obra.*' (Tit. 1:15-16). Pablo comenta que estos mandamientos son absurdos, pues apelan a **cosas que todas se destruyen con el uso**. En otras palabras, son asuntos temporales, asuntos que nos disciplinan, que nos hacen personas más saludables, inclusive, pero que no alimentan nuestro espíritu en lo absoluto, eso sólo lo hace la Palabra de Dios.

La realidad de estos tres aspectos que no nos hacen crecer es que miran hacia el hombre. Pablo argumenta que **tales cosas tienen a la verdad cierta reputación de sabiduría en culto voluntario, en humildad y en duro trato del cuerpo**, es decir, si, forman una disciplina, un carácter y un esquema de vida 'más o menos correctos'. Sin embargo, el final del versículo, '**pero no tienen valor alguno contra los apetitos de la carne**' nos dice lo que se esconde debajo del telón (cp. Col. 2:18) y es su deseo de *mimar* a la carne misma. Supuestos cristianos se creen humildes, espirituales, doctos y sabios por lacerar y subyugar el cuerpo (con la falsa idea de que esto acrecentará el espíritu). Crecemos solamente por medio de la Palabra de Dios, es ella la que nos transforma, la que nos instruye y nos prepara para la Obra de Dios. ¡A Él sea la Gloria!

PRINCIPIOS PRÁCTICOS DE LA VIDA PLENA EN CRISTO (3:1-4:6).

Si, pues, habéis resucitado con Cristo, buscad las cosas de arriba, donde está Cristo sentado a la diestra de Dios. Poned la mira en las cosas de arriba, no en las de la tierra. Porque habéis muerto, y vuestra vida está escondida con Cristo en Dios. Cuando Cristo, vuestra vida, se manifieste, entonces vosotros también seréis manifestados con él en gloria. Haced morir, pues, lo terrenal en vosotros: fornicación, impureza, pasiones desordenadas, malos deseos y avaricia, que es idolatría; cosas por las cuales la ira de Dios viene sobre los hijos de desobediencia, en las cuales vosotros también anduvisteis en otro tiempo cuando vivíais en ellas. Pero ahora dejad también vosotros todas estas cosas: ira, enojo, malicia, blasfemia, palabras deshonestas de vuestra boca. No mintáis los unos a los otros, habiéndoos despojado del viejo hombre con sus hechos, y revestido del nuevo, el cual conforme a la imagen del que lo creó se va renovando hasta el conocimiento pleno, donde no hay griego ni judío, circuncisión ni incircuncisión, bárbaro ni escita, siervo ni libre, sino que Cristo es el todo, y en todos. Vestíos, pues, como escogidos de Dios, santos y amados, de entrañable misericordia, de benignidad, de humildad, de mansedumbre, de paciencia; soportándoos unos a otros, y perdonándoos unos a otros si alguno tuviere queja contra otro. De la manera que Cristo os perdonó, así también hacedlo vosotros. Y sobre todas estas cosas vestíos de amor, que es el vínculo perfecto. Y la paz de Dios gobierne en vuestros corazones, a la que asimismo fuisteis llamados en un solo cuerpo; y sed agradecidos. La palabra de Cristo more en abundancia en vosotros, enseñándoos y exhortándoos unos a otros en toda sabiduría, cantando con gracia en vuestros corazones al Señor con salmos e himnos y cánticos espirituales. Y todo lo que hacéis, sea de palabra o de hecho, hacedlo todo en el nombre del Señor Jesús, dando gracias a Dios Padre por medio de él. Casadas, estad sujetas a vuestros maridos, como conviene en el Señor. Maridos, amad a vuestras mujeres, y no seáis ásperos con ellas. Hijos, obedeced a vuestros padres en todo, porque esto agrada al Señor. Padres, no exasperéis a vuestros hijos, para que no se desalienten. Siervos, obedeced en todo a vuestros amos terrenales, no sirviendo al ojo, como los que quieren agradar a los hombres, sino con corazón sincero, temiendo a Dios. Y todo lo que hagáis, hacedlo de corazón, como para el Señor y no para los hombres; sabiendo que del Señor recibiréis la recompensa de la herencia, porque a Cristo el Señor servís. Mas el que hace injusticia, recibirá la injusticia que hiciere, porque no hay acepción de personas. Amos, haced lo que es justo y recto con vuestros siervos, sabiendo que también vosotros tenéis un Amo en los cielos. Perseverad en la oración, velando en ella con acción de gracias; orando también al mismo tiempo por nosotros, para que el Señor nos abra puerta para la palabra, a fin de dar a conocer el misterio de Cristo, por el cual también estoy preso, para que lo manifieste como debo hablar. Andad sabiamente para con los de afuera, redimiendo el tiempo. Sea vuestra palabra siempre con gracia, sazonada con sal, para que sepáis cómo debéis responder a cada uno.

Desde Colosenses 1:3 y hasta ahora, hemos visto 'teoría', doctrina cristiana; en algún modo, hemos visto el 'qué' y no el 'cómo'. Sin embargo, Pablo ahora lleva la carta a un punto donde no hay vuelta atrás; para el autor, llegó el momento de poner en práctica lo aprendido, no dejar la vida cristiana en apuntes, predicaciones semanales o versículos memorizados. Entendiendo que, en Colosas había un enorme problema con el gnosticismo y los judaizantes; puesto que los judaizantes deificaban las obras, mientras que los gnósticos las rechazaban totalmente; mientras los judaizantes creían que su

Mesías los llamó a seguir la ley mosaica y trataban de purificar y santificar sus obras en su propio esfuerzo, los gnósticos decían que no servía de nada el cuerpo, sólo el espíritu era importante, por lo que daban rienda suelta a sus deseos carnales.

¿Cómo, entonces, debemos vivir piadosamente? ¿Nos esforzamos en vivir una vida piadosa en nuestro propio y vano esfuerzo, afectando humildad? ¿O vivimos pecando, 'total, Cristo ya nos perdonó'? Para solucionar este conflicto, Pablo dedica gran parte de la segunda mitad de la epístola en presentar seis principios prácticos que debe seguir un cristiano auténtico, aquél que ha creído en el Suficiente Salvador; esto lo veremos entre Colosenses 3:1 y Colosenses 4:6. Los principios que demuestran una fe cristiana son: (I) Busca las cosas de arriba (3:1-4), (II) Abandona completamente el pecado (3:5-9), (III) Ejerce una vida piadosa en la congregación (3:10-15), (IV) Ejerce una vida piadosa en la mente (3:16-17), (V) Ejerce una vida piadosa en la familia (3:18-21) y (VI) Ejerce una vida piadosa en la sociedad (3:22-4:6).

Buscar las cosas de arriba (3:1-4).

Pablo presentó en el versículo anterior (Col. 2:23) que las cosas que subyugan al cuerpo pueden ser de bien para los hábitos disciplinarios, pero que no sirven para la edificación en Cristo, esto como contexto al primer enunciado que hace, **si, pues**, ¿qué cosa? Si **[hubimos] resucitado con Cristo**. Es decir, la lista que viene es un conjunto de evidencias externas del cristiano auténtico. El término empleado para 'resucitado' es *sunegeiró,* que apela, expresamente a 'levantarse de una moral de muerte -o muerta- a una vida de devoción a Dios'. En otras palabras, Pablo les estaba diciendo 'si ya murieron a su vida de pecado y ahora viven santificados por Cristo' (cp. 2 Co. 5:17), **buscad las cosas de arriba**; un imperativo que, de la traducción literal, se puede decir 'busquen hasta encontrar', 'no descansen en perseguir' las cosas de arriba.

Esta búsqueda apunta **donde está Cristo sentado a la diestra de Dios**, una vez más, Pablo afirma la resurrección de Cristo y cómo Él ascendió al Padre (Lc. 24:51 cp. Hch. 1:9-11). Igualmente, el sentarse 'a un lado' en tiempos de Grecia, implicaba que dos personas estaban al mismo nivel, incluso, con la misma autoridad. La enseñanza de Pablo en esta sola frase es clara: Jesucristo es Dios (Jn. 1:1 cp. 1 Jn.

5:7). Los gnósticos fueron más que destrozados en cuanto a argumentos en los capítulos anteriores; sin embargo, Pablo sigue enfatizando la realidad del Señorío Absoluto de Cristo.

Como lo dice el comentarista Jamieson "*De nosotros mismos no podemos ascender más de lo que una barra de hierro se levanta de la tierra. Pero el amor de Cristo es un poderoso imán que nos levanta*[1]".

Pablo repite el imperativo para enfatizar que debemos **[poner] la mira en las cosas de arriba** y, añade, **no en las de la tierra**. Está claro el mensaje, incluso Cristo mismo lo dijo 'buscad primeramente el Reino de Dios y su Justicia' (cp. Mt. 6:33). Recordemos que, en el capítulo segundo de Colosenses, Pablo está luchando contra los gnósticos: iluminados, elitistas y contra los judaizantes; ambos bandos prometían que las obras eran parte de la salvación, por eso mismo es que esta simple oración, 'no en las de la tierra', afirma y confirma todo el tratado del capítulo anterior, *la salvación nunca ha sido, no es y jamás será por mérito humano; no hay obra que la gane, tampoco que la pierda; es Dios quien la da en Su Voluntad divina y eterna. La Salvación es del Señor.* Es importante que entendamos esto pues es

---

1 Jamieson, R., Fausset, A. R., & Brown, D. (2002). Comentario exegético y explicativo de la Biblia - tomo 2: El Nuevo Testamento (p. 523). El Paso, TX: Casa Bautista de Publicaciones.

el centro del Evangelio, ¡Él lo hizo!

Ahora bien, ¿Por qué buscar las cosas de arriba? Si ya fuimos perdonados por Dios, si somos nuevas criaturas, si hemos sido santificados, ¿no entonces ya tenemos 'algo asegurado arriba? ¿No sería más fácil ganarme la vida aquí abajo? La respuesta es sencilla, esto es **porque [hubimos] muerto, y [nuestra] vida está escondida con Cristo en Dios**. En otras palabras, *apothneskó*; morir, hacerse a un mismo a un lado; dentro del contexto de la carta, apela a que estamos muertos al pecado (cp. Ro. 6:1-6).

Más aún, no solo hemos muerto al pecado, nuestra vida está escondida, '*kruptó*' en griego, apela a estar protegida por Dios; en otras palabras, nuestra vida ya no nos pertenece, hemos sido acogidos 'en la sombra del Omnipotente' (Sal. 91:1), hemos sido cautivados en Amor por nuestro Dios, quien nos ha puesto 'el querer como el hacer' (Fil. 2:13) y nos deja claro que esta nueva vida en Cristo ha sido preparada por Él para que andemos en ella (cp. Ef. 2:10).

Ahora bien, no podemos -ni debemos- confundir esto de ningún modo con una supuesta 'mentalidad del reino'. Esta herejía promovida por predicadores masivos enseña que si somos hechos 'hijos de Dios' (Jn. 1:12) y Dios es Rey (Is. 33:22b), entonces somos príncipes, dignos de lujos y placeres terrenales. Enseñan que Jesús nació en una familia de muchos recursos, que vistió las mejores ropas, calzó las mejores sandalias -fue un *influencer* del siglo I, según algunos comentaristas postmodernistas- siendo que Él mismo dijo que no tenía dónde recostar la cabeza (cp. Mt. 8:20). Enseñan que Dios promete riquezas a aquellos que le sirven y le adoran, con fe, pactos, promesas; a sus seguidores les es necesario leer Mt. 4:8; no fue Dios, sino Satanás, quien prometió riquezas y reinos a quien le adore. Desde el Génesis, cuando Eva cayó, fue porque puso los ojos en el 'yo', vio la oportunidad de exaltarse, tuvo 'la mentalidad del reino', *yo lo merezco,* la serpiente lo dejó claro cuando la engañó basada en los deseos perversos del hombre: 'serán como Dios' (Gn. 3:4-5).

Cuando Pablo nos llama a *buscar* 'las cosas de arriba', no nos está llamando a *traer* 'las cosas de arriba' acá abajo. Precisamente el llamado dentro de todo esto es a no seguir viendo las cosas terrenales, a no ver por nuestros bolsillos como prioridad, a dejar el egoísmo, a estar dispuestos, en todos los sentidos, a '*aceptar un no por respuesta*'. Tampoco se trata de vivir en total abnegación, repudiando al cuerpo y subyugándolo en disciplinas para no tener más que comer cada día y donde dormir; en el capítulo anterior lo estudiamos, Pablo exhortó a los que subyugaban al cuerpo (Col. 2:23).

Entonces, pues, ¿cómo podemos entender el 'buscar las cosas de arriba'? ¿Cuál sería, si lo podemos decir así, la correcta mentalidad del reino? El apóstol lo deja claro: **Cuando Cristo, vuestra vida, se manifieste, entonces vosotros también seréis manifestados con él en gloria**. En otras palabras, la esperanza en Cristo, su Segunda Venida, es lo que debemos anhelar y buscar todos los días (1 Ts. 5:11, Fil. 4:8). Esto aplica a todas las cosas, el mensaje es sencillo; si somos plenos en Cristo, entenderemos que no importa la situación, estamos en paz con -y por- nuestro Dios. Nuestra esperanza no está en conseguir un empleo mejor pagado, contraer matrimonio con aquella persona, comprar una casa para mis hijos, liquidar todas mis deudas; a la verdad, hacemos bien en 'estar en paz con todos' (Ro. 12:18) y en todo, pero nuestra prioridad, nuestra meta, a donde la flecha debe estar apuntando, es a Cristo y su segundo advenimiento.

Consideremos lo siguiente, incluso si Cristo resucitó de los muertos, incluso siendo Dios en la Tierra, no tendría sentido 'buscar las cosas de arriba' si Él no va a volver, no habría esperanza la cual aguardar. Si Cristo no vendrá, entonces la 'mentalidad del reino' es correcta, porque *debemos* -sin dejar de considerar que somos inmerecedores- entonces disfrutar en algún momento de 'los beneficios de la fe'. ¿Por qué? Porque viviríamos desesperanzados, sin beneficio alguno de la resurrección. Si Cristo no vuelve a juzgar al mundo y rescatar a sus escogidos, ¿para qué mantener la fe? Entonces, sólo entonces, Cioran tuvo razón 'Todo es nada, incluso la consciencia de lo que es nada'.

Si nuestra esperanza no es Cristo y su segunda venida, si nuestra esperanza es buscar el bien material, el bien nuestro, de la familia, pero no centrado en Cristo, entonces dejamos que el humanismo entrara en nuestros corazones, la egolatría nos sedujo con placeres humanos de alguna manera 'deificados' y caímos en el mismo juego que Eva cayó; creímos que podríamos 'ser como Dios, entendiendo el bien y el mal'. Entonces no creemos en nuestro auténtico Señor; entonces, no somos cristianos. ¡Busquemos a Cristo en Su Palabra! ¡Pongamos la mira en las cosas de arriba! A Dios la Gloria.

Abandonar por completo el pecado (3:5-9).

Este segundo principio es claro en todo sentido; un cristiano odia el pecado, lo deja completamente. No existe cristiano que ame su pecado más que a Cristo, al punto que su mente y conciencia concilie vivir con ambos. Pablo vuelve a concluir, a partir de la tesis de la plenitud en Cristo, que debemos **[hacer] morir, pues, lo terrenal en [nosotros]**. A diferencia de *apothneskó* (v.4), el término utilizado en el v.5 es *nekroó* que, literalmente, significa 'muerto', 'destruido', 'en total desperdicio'. En otras palabras, Pablo estaba invitando a la audiencia a 'asesinar completamente, pulverizar todo lo terrenal en ellos'. Con respecto a lo terrenal, la palabra se puede traducir como 'aquello de la superficie'.

Es interesante ver como inicia Pablo, mencionando la **fornicación**. *Porneia* es el término utilizado veintiséis veces en la Biblia, todas con la misma implicación 'prostitución, pecados inmorales'; en contexto, apela a cualquier tipo de pecado sexual en general. En Colosas no hay registro de algún templo griego que practicara la fornicación como uno de sus rituales; sin embargo, tenían una alta influencia de la ciudad vecina, Laodicea -sin mencionar que, por ser una capital comercial en su momento, tenía diversidad cultural-. A pesar del esfuerzo por ocultarlo, muy pocos negarán el hecho de que varios ritos en Grecia incluían las orgías, las relaciones sexuales estaban permitidas sin algún límite 'público'. Un ejemplo claro es la homosexualidad de Platón, el filósofo griego que, según un poema encontrado de su juventud, besó a un hombre; sin embargo, en la sociedad griega, el tener intimidad con personas del mismo sexo era permisible mientras no hubiese algún tipo de 'limite excedido'; lo que nadie sabe, cuando no hay un estándar aceptado por la sociedad, es ¿cuál es ese límite? Esta es justa la razón por la que es necesaria la Ley, para tener conciencia de nuestro pecado (Gál 3:15-20). Hoy día, aunque México es el único país que no reconoce el matrimonio igualitario a nivel nacional, desde el 2009 a la fecha se han concretado más de diez mil uniones entre personas del mismo sexo, siendo el 80% de estas en la Ciudad de México.

Junto con la fornicación, Pablo menciona **impureza, pasiones desordenadas**, del original *akatharsia* y que se define como 'no estar limpio, no tener absoluta pureza', sea físico o moral; por el contexto de la carta, es claro que Pablo se refería a todo aquello que sea impuro tanto en la carne como en la mente. Pablo, en otras palabras, está apelando a que los 'santos y fieles' (Col. 1:2) ya debieron dejar esto, si *porneia* no era un contexto suficiente, *akatharsia* abría el panorama; no debían practicar nada impuro, 'ni aún mencionarlo' (cp. Ef. 5:3). En un sermón que tuve la oportunidad de compartir, comenté que la Biblia no acepta la homosexualidad, lo tacha como una 'abominación'; sin embargo, iglesias han permitido la entrada libre a la comunidad LGBT+ y los llama 'hermanos'. Esta misma comunidad, en las últimas marchas, ha solicitado que, así como se ha permitido el 'matrimonio igualitario', se permita la pedofilia, la zoofilia, el matrimonio con objetos (panfilia), entre otras aberraciones.

En cuanto a los **malos deseos y avaricia**, claramente apela a todo aquello que continúa siendo 'cosas de la tierra' (cp. Col. 3:2). Los malos deseos son todos aquellos que nos rodean, nacen en nosotros, crecen en nosotros, nos consumen para practicarlos y, en ocasiones, logran su cometido. La impureza es algo que nos rodea y nos tienta a consentir (Pr. 1:10-16). Por avaricia cayó Balaam (Núm. 22-24), cuando vendió su profecía al mejor postor; por avaricia cayó Judas (Mt. 26:14-16) al cambiar al Salvador del Universo, al Hijo de Dios mismo, por treinta piezas de plata. Por avaricia caen muchos, pues viendo las 'recompensas terrenales' -que son falsas- de casas, coches y empleos a quien diezme, dejan a un lado la adoración al Dios Verdadero, para seguir doctrinas humanas, alabando al 'hermano' que les promete bienes materiales en el nombre de Jesús. Esto, según Pablo, **es idolatría**.

¿Cómo sucede esto? Hay personas que 'tuercen las Escrituras' (cp. 2 P. 3:16) para su propia perdición. Y sus seguidores ya no ven a la iglesia como un lugar donde los hermanos se reúnen para leer y estudiar la Palabra en unidad, sino que es una casa de cambio o incluso un centro de subastas donde, el que compre más producto, el que diezme la mayor cantidad o el que haga mayor espectáculo, es el que se llevará la bendición que sólo se da allí, ¡el caso es el centro de donativos para volverse apóstol de cierta iglesia de Miami! Esto es lamentable.

Este tipo de **cosas** son **por las cuales la ira de Dios viene sobre los hijos de desobediencia**. Es decir, por los actos terrenales, por estos pecados (y no estos en específico) la ira de Dios viene sobre los pecadores. Aquí no hay forma de probar algo distinto, la ira de Dios es real. Muchos han argumentado que 'Dios no se enoja, Dios no puede airarse porque la ira en un pecado'. Estas personas deben abrir sus ojos -y sus Biblias- de vez en cuando. Cristo mismo mencionó que debemos temer a Dios, no a los hombres, porque su Ira es poderosa (Lc. 12:4-5). No estamos hablando de un 'diosito' que muchos pueden manipular; muchos 'ministerios' se han levantado con la bandera de que 'Jesús te ama' -

y lo hace, sin duda- sin embargo, la Biblia es clara en cuanto al corazón de Dios respecto al pecado y el pecador (Sal. 5:4-5, Rom. 3:23). Dios está airado con el pecador, lo abomina, lo vomita, le causa asco. Tus y mis pecados son el brócoli del plato de Dios. Un Dios Santo no puede tolerar algo tan ruin y asqueroso como lo que tú y yo hacemos todos los días, cometer pecado.

Es en estas cosas **en las cuales [nosotros] también [anduvimos] en otro tiempo cuando [vivíamos] en ellas**. No podemos decir que no; una vez más, sabemos que fuimos/somos pecadores (Ro. 3:12); la gran diferencia entre el antes y ahora es que 'ya no vivo yo, más Cristo vive en mi' (Gál. 2:20). ¿Qué significa esto? Que nuestra vida debe de reflejar el carácter de Cristo cada vez más (Ef. 4:11-13). Pablo estaba enfatizando esto, vivan como hijos de Dios, porque fueron hechos hijos de Dios.

Ahora bien, muchos de nosotros podríamos decir que es muy fácil realizar este tipo de cosas, **pero ahora**, Pablo nos exhorta, **dejad también vosotros todas estas cosas**. La lista continúa y da a entender algo muy claro, no se trata de 'cumplir con la lista de evita hacer esto y serás salvo', sino de realmente perseguir una vida totalmente libre de pecado. ¿La conseguiremos? Probablemente no, puesto que aún hay pecado en nosotros (Ro. 7:19-20). Sin embargo, esto también nos da a entender que nadie, absolutamente nadie, está exento de la prueba de la piedad.

La lista comienza con **ira** y **enojo**. La ira (*orgé*) refierese a una indignación por algo en particular; Dios es el único digno de tomar esta posición, puesto que Él no ha pecado, no es hipócrita al asumir un enojo santo contra el pecado y sus autores. Por otro lado, hemos sido llamados a no dejarnos dominar por esta indignación nuestra, puesto que no tendría sentido (Ef. 4:26). La **malicia** (*kakia*) es el deseo de hacer daño, todo acto con fines impuros que fue premeditado. Muchos pueden compararse con convictos, asesinos en serie, líderes de cárteles, secuestradores, verdugos y decir que está limpio, que en él/ella no hay malicia. Pero, al ser más específicos (Ro. 3:11), entendemos que todo acto premeditado está contenido aquí. Si matas o robas diez centavos, es malicia.

El apóstol luego toca un tema muy delicado, la **blasfemia**. La blasfemia (siendo una transliteración del griego) es llamar a lo malo, bueno y a lo bueno, malo; el insultar a Dios está incluido en este concepto pues, siendo Él bueno, le hacen comentarios y juicios como si Él fuese malo. Uno creería que los cristianos jamás cometeríamos blasfemia, sin embargo, es muy distinto.

Hay iglesias, no sólo en Estados Unidos, sino en México y Latinoamérica que llaman 'santo' a ciertas acciones dentro de sus iglesias; supuestas manifestaciones 'divinas' donde los congregados ladran, maúllan, fingen embriaguez (ref. Ef. 5:18-20), gritan como si estuviesen siendo torturados, o electrocutados. No debemos ignorar que sí, estas experiencias y manifestaciones pueden ser involuntarias, pero el agente causante no es Dios, Él nunca, en toda la Biblia, actuó de esa manera; de hecho, es un demonio quien actúa así (Mr. 1:21-28). Por otro lado, la corriente que suele llamar legalista a los que enfatizan la centralidad y unicidad de las Escrituras, la neopentecostal, llama y tacha de herejes a los que protestan en contra del radicalismo en la enseñanza. Ejemplo claro tenemos en el creacionismo (Gn. 1-3), donde es común encontrar predicadores que promueven un creacionismo 'progresista' y tachando que la Escritura sea literal al decir que Dios creó al mundo en una semana. Estos predicadores niegan al Dios de las Escrituras, blasfeman.

Por si la lista fuese ya mucho, mostrando nuestra naturaleza pecaminosa, Pablo menciona las **palabras deshonestas de [nuestra] boca**, a fin de que **no [mintamos] los unos a los otros**. Esto es, toda mentira. Desde siempre, Dios ha despreciado la mentira, al final, fue una mentira la que hizo caer al hombre (cp. Gn. 3:4-5); por eso mismo, es uno de los diez mandamientos 'principales' que Dios da a Israel en el éxodo (Ex. 20:16). Pablo presenta nuevamente esta implicación como un imperativo, es un mandato, ¡no lo hagas! Cabe aclarar lo que siempre se ha recalcado acerca de la mentira; mentir jamás será un acto piadoso. La verdad a medias, es una mentira total; la mentira piadosa, es un pecado impío; la mentira por compasión, es pecado por egoísmo. Podemos recobrar la frase que titula el estudio de estos versos, abandona completamente el pecado, hazlo morir. La verdad, por más dolor que creamos que pueda traer, siempre será más enriquecedora y edificante que cualquier mentira.

Esta acción de hacer morir nuestro pecado es consecuencia del Espíritu Santo en nosotros, **[habiéndonos] despojado del viejo hombre con sus hechos**. En otras palabras, ¡Ya moriste a tu propia carne! ¿No es así? (Gál. 2:20). Supuestamente, tú y yo decidimos morir a nuestros pecados para vivir junto con Cristo, es por eso que fuimos 'resucitados con Él', es por eso que buscamos las cosas de arriba, ¿no? (cp. Col. 3:1).

El término 'despojado' (*apekduomai*) implica 'desnudarse completamente, renuncia total y absoluta'; del viejo hombre -la actitud pecaminosa-

'con sus hechos' (*praxis*). En otras palabras, no nos enajenamos sólo de la mentalidad pecaminosa, sino del pecado en toda su expresión. Pablo ya lo había comentado a los corintios (cp. 1 Co. 5:9-11). Una vez más, esto nos guía a vivir en completa santidad para dar la gloria al Único que lo merece. ¡A Dios sea la Gloria!

Ejerce una vida piadosa en la congregación (3:10-15).

Como contexto a este punto, cabe leer el anterior (Col. 3:9b) '...habiéndoos despojado del viejo hombre con sus hechos'. Sobre esto, podemos destacar tres características de la vida piadosa en la congregación.

Es no discriminatoria.

Ya que nos despojamos del viejo hombre con sus hechos **y** nos **[revestimos] del nuevo'**. No nos cansaremos de repetirlo, ¿quién es ese 'nuevo hombre'? Cristo en nosotros (Gal. 2:20-21; Ef. 4:24). La palabra que Pablo utiliza (*neos*) significa 'renacido, resurgido', ¡está hablando del Cristo resucitado viviendo en uno! Nos está llamando a ser como Cristo (cp. 1 Co. 1:2; 1 Ped. 1:15-16). Una vez, completamente desnudos de nuestros pecados, negados a nosotros mismos, sigamos el ejemplo de Cristo. ¿No es fascinante? Es que este es el plan de Dios, quitarnos nuestra naturaleza pecaminosa (Ro. 6:23), para llenarnos de Su Espíritu -por medio de Su Palabra- (Col. 3:16) y así trabajar para alcanzar la estatura del Varón Perfecto -Cristo Jesús- (Ef. 4:13), este es el trabajo precioso de la Santificación en nosotros.

El llamado de Pablo dentro de la congregación es en

plural, por lo que es un mandato general, todos debemos hacerlo. No hay quien tenga 'fuero espiritual' para quedar exento de este imperativo.

Ahora bien, es este nuevo hombre, **el cual, conforme a la imagen del que lo creó**, es decir, de Jesucristo, **se va renovando**. Esto implica un proceso, algo que aún sucede. La pregunta es clave, 'Si ya fuimos santificados, ¿cómo es que nos vamos renovando?' La respuesta es sencilla, aunque Cristo ya nos salvó, seguimos en nuestra carne, seguimos cayendo en pecado a diario, necesitamos trabajar (no en nuestras fuerzas, sino en las Suyas) para dejar de pecar (Col. 3:5-8).

Uno de los pecados que podemos creer que estaba en Colosas era la discriminación, debido a que los que más anhelaban el conocimiento eran los griegos; por eso mismo Pablo vuelve a denotar que la renovación es llegar **hasta el conocimiento pleno**, es decir, 'ningún conocimiento humano supera al conocimiento de Dios' (Is. 55:9; Ro. 11:33). ¿Qué ventajas trae este conocimiento pleno? ¿Qué podemos entender de ahí? Pablo dice que es en ese conocimiento **donde no hay griego ni judío, circuncisión ni incircuncisión, bárbaro ni escita, siervo ni libre**; en otras palabras, no existe una distinción entre los que son de la simiente de Abraham y los que no; no hay diferencia entre los que se circuncidan (guardan la ley Mosaica) y los que no; entre los que pecaron en menor o mayor grado ni entre los que son jefes o subordinados, **sino que Cristo es el todo, y en todos**. ¡Plenitud en Cristo! Cristo nos completa a todos, y vive en nosotros, guiándonos a vivir en unidad.

Debemos destacar algo muy importante aquí; Pablo, con este pasaje, no quiere decir que 'todos somos iguales', la igualdad de género y posición no es un concepto tocado aquí -aunque la Biblia siempre apoyará la equidad de género y la sumisión a las autoridades- sino que, a los ojos de Dios, somos vistos del mismo modo: Un pecador más del que Él tuvo misericordia (2 Co. 5:21) La vida en Cristo no discrimina.

Manifiesta el fruto del Espíritu.

Conocemos el fruto del Espíritu (Gal. 5:22-23), pero comúnmente no lo manifestamos con los hermanos, tendemos a ser 'cristianos de palabra, no de hechos'; tristemente, esta realidad se refleja en las iglesias, negando por completo lo que dice Santiago 1:22.

La exhortación de Pablo es similar a la de unos versos anteriores, cuando les dijo **vestíos, pues, como escogidos de Dios, santos y amados**. El comentarista Jamieson dice sobre este bloque: "El orden de las palabras, "escogidos, santos, amados" corresponde con el orden de las cosas. La elección desde la eternidad precede a la santificación en punto de tiempo; los santificados, sintiendo el amor de Dios, lo imitan". En otras palabras, ya fuimos escogidos, santificados y llenos de amor, es hora de poner en práctica eso con los demás.

Pablo ahora presenta la lista que espera que los colosenses pongan en práctica entre ellos mismos: Que su actuar sea **de entrañable misericordia**. Misericordia (*oiktirmos*) es un término que se utilizaba para la exoneración, algo que no se acostumbraba mucho en Grecia; las pocas excepciones se refieren a exoneración de impuestos, algo que sucedía sólo a reconocidos extranjeros. Croesus, rey de Lidia, recibió exoneración de impuestos, el pueblo Deceliano en Esparta y Leucón, rey de los Bosporanos, en Atenas, son ejemplos de lo importante que debías ser para 'alcanzar misericordia' ¡Y Pablo lo estaba pidiendo de todos y para con todos!

Aunado a esto, aún mayor, hacelo **de benignidad**. La benignidad (*chrestotés*) es, dentro del contexto, un 'servicio de gran utilidad'. Es el simplemente 'hacer buenas obras por otros'. Aquí cabe preguntar, ¿Quiénes de nosotros realmente hacemos buenas obras 'de corazón' por otros? Para quedar bien con uno mismo -y con los demás-, todos; e incluso estas 'buenas obras' realmente son un disfraz de nuestra naturaleza humana pecaminosa, pues las practicamos por egoísmo, pero, ¿para ser aprobados por Dios?

Nuestras obras, en nuestra vida deben de ser llenas **de humildad… de mansedumbre**. En otras palabras, reconociendo nuestra posición en este mundo (Gn. 3:19; Sal. 8:3-4; Lc. 17:10), podemos actuar entendiendo que no es a nosotros la gloria, sino a Él (Sal. 115:1). Igualmente, deben ser con **paciencia**; La paciencia (*makrotumia*) es un término que en el original se puede traducir mejor como dominio propio (cp. Col. 1:11) y alude a que muchos gnósticos solían ser intolerantes ante un pueblo ignorante; igualmente, los judaizantes no se sentaban ni siquiera a comer con los que ellos consideraban 'impuros y gentiles'.

Lamentablemente, hoy día, las iglesias y muchos hermanos han adoptado este mismo modelo, no tienen paciencia para con los neófitos y aún con sus propios hermanos ya de años en la fe. Cuando ellos mismos son la razón de nuestra oración (Col. 1:9). ¿Cómo podemos ser pacientes, entonces? El apóstol presenta una guía y un ejemplo (v.13) al decir que debemos hacerlo **[soportándonos] y [perdonándonos] unos a otros si alguno tuviere queja contra otro**. La palabra 'queja', aunque está bien traducida, dentro del contexto histórico apela más a un señalamiento inmediatamente anterior a la demanda, era un conflicto que, por lo general, culminaba en la presentación de la misma ante un tribunal romano. Esto,aparentemente, sucedía con gran frecuencia por lo que Pablo escribió en 1 Corintios 6; sin embargo, el resumen de ese capítulo está aquí: ténganse paciencia y sepan perdonarse.

El ejemplo que muestra de perdón es increíble, él menciona que **de la manera que Cristo os perdonó, así también hacedlo vosotros**. ¿Acaso hay algo que tú y yo no podamos perdonar? Si Cristo perdonó nuestras ofensas, cuales son mucho mayores pues son contra el Dios Santo y Todopoderoso (Sal. 51:4), ¿cómo no hemos de perdonar a los que nos ofenden a nosotros, siendo nosotros menos que polvo?

Es unánime.

Pablo ya no deja dudas en este punto; si alguno creía que podía ser no discriminatorio, manifestar el fruto del Espíritu y aun así no apreciar la unidad en el Espíritu que sólo ofrece Él mismo por medio de la comunión de los hermanos en la congregación, este argumento lo consolida todo.

Ya vimos que no discriminamos, que manifestamos el fruto del Espíritu pero Pablo destaca que **sobre**

todas estas cosas, es decir, por encima de todo, sin alguna prioridad encima, debemos **[vestirnos] de amor** (cp. 1 Co. 13:13); la expresión que la Biblia usa aquí para 'amor' (*ágape*) es comúnmente entendido como 'el sentir que Dios tiene por la humanidad', no más, no menos. Es la mayor expresión de amor que se podía dar y, pronunciar estas palabras implicaba una búsqueda desesperada del ser/objeto amado. Tan grande es este concepto que Pablo mismo dice de este **que es el vínculo perfecto**.

En pocas palabras, se menciona, en un solo verso, lo que el mismo apóstol mencionó a los Corintios en todo el capítulo decimotercero de la primera epístola, todo lo que hagamos, debemos hacerlo con amor, enfocados siempre en que Dios nos amó primero.

La exhortación, consecuencia de un actuar unánime y en amor, es que **la paz de Dios**, la paz que nos dejó Cristo (cp. Jn. 14:27) **gobierne en [nuestros] corazones**, demostrándonos que somos completamente sumisos y entendidos hacia la Voluntad Soberana de Dios (Ro. 11:33). La palabra 'gobierne' en griego puede traducirse mejor como 'funja de árbitro', puesto que no se trata solamente de una paz 'en mí mismo' sino con los demás, una paz que tolera, entiende, ama, apoya, es misericordiosa y fraternal.

Es esta misma paz **a la que asimismo [fuimos] llamados en un solo cuerpo**. Pablo sigue insistiendo en que todos fuimos llamados en unidad y a la unidad (Ef. 4:1-6). Aquí vale la pena mencionar, Pablo no está defendiendo la coexistencia o el ecumenismo, lo cual es una tremenda herejía y blasfemia en contra de la Santidad y Celo de Dios; sino que habla de aquellos que realmente son salvos, los que fueron llamados de manera efectiva por Dios mismo para salvación.

De este modo, podemos entender que la unidad en Cristo nos llama a vivir en amor **y [ser] agradecidos**. *Eucharistos* es la palabra griega utilizada para 'agradecidos'. Ahora bien, ¿agradecidos por qué o de qué? Por la paz de Dios a la que fuimos llamados y por la que estamos siendo gobernados. De ahí muchos, lamentablemente, no están agradecidos con Dios por tan grande paz que Él nos ha dado por medio de su Hijo Jesucristo (2 Co. 5:21); Sólo pensémoslo un momento, aquel Dios perfecto, Santo, airado con el pecado y el pecador (Sal. 5:5), justo y presto para fulminar hasta las cenizas todo lo que sea ajeno a Él -es decir, el pecado-. Ese mismo Dios sería completamente justo si hoy, en este instante nos liquida con un cataclismo, como lo hizo en tiempos de Noé (Gn. 6-7); pero, en lugar de eso, decidió anteponer su Amor frente a su Justicia, trayendo a su propio Hijo a morir en nuestro lugar, a sufrir esa liquidación divina por nosotros y así tener salvación. ¿Cómo no estar agradecidos? ¿Qué argumentos tenemos para no agradecer esta maravillosa Gracia que nos ha alcanzado y abrazado? ¡A Dios sea la Gloria!

Ejerce una vida piadosa en la mente (3:16-17).

Pablo habló durante mucho acerca de la necesidad del conocimiento pleno, y en estudios anteriores, hemos visto que ese conocimiento pleno viene de Cristo (dentro de la Palabra de Dios, cp. Jn. 5:39). Sin embargo, es importante entender que, la vida piadosa no sólo es de manera externa, sino también interna (Jesús, en las bienaventuranzas, sólo menciona características internas). En esta sección, veremos cómo ejercer una vida piados en la mente, puesto que somos plenos en Cristo, ¿cómo esa plenitud, en la práctica, me ayuda a vencer mis pensamientos pecaminosos?

¿Qué debe de estar en mi mente todo el tiempo? ¿Qué debería ocupar mis pensamientos? **La Palabra de Cristo**, y, aún más, que esta **more en abundancia en [nosotros]**'. Esta frase lo resume todo, podríamos apagar luces, micrófonos e irnos porque ¡la enseñanza está clara! Pero veamos a detalle esta frase inspirada por el Espíritu Santo.

'La Palabra de Cristo', se refiere en su totalidad al Evangelio. Este punto es vital porque en Colosas, el gnosticismo deseaba el conocimiento de todo, hacia todo, por todo, en todo; sin embargo, Pablo deja muy claro qué es lo esencial, lo único y lo completo: Cristo. No es la primera vez que esta exhortación fue escuchada (cp. Jn. 5:39; 1 Co. 2:2). El punto central es entender que Cristo es suficiente para tener conocimiento y sabiduría, lo demás es meramente vanidad. Lamentablemente, muchos han optado por cosas muy alejadas a la Palabra de Cristo; el famoso Coaching Cristiano que no es otra cosa que pláticas motivacionales con un poco de Biblia; los cantos postmodernos, que no es otra cosa que 'Dios me ama' repetido quince veces y eso es todo el canto; los muy conocidos 'decretos' donde no se acepta un 'no' por respuesta y que promueven falsamente riquezas terrenales y prosperidad material antes que a Cristo.

Amados, tales personas que enseñan y practican estas cosas no son más que herejes que buscan una sola cosa, alimentarse de sus escuchas; no se alejan de cómo eran los maestros de Israel en tiempos de Ezequiel (cp. Ez. 34:1-6).

Ahora, muchos predicadores postmodernos -de los cuales, casi en su totalidad son pentecostales- preguntan "¿por qué hacer tanto énfasis a 'la Palabra de Cristo'?" Sobre esto, la verdadera pregunta debería de ser ¿por qué no hacerlo? La Biblia habla de sí misma como 'perfecta' (Sal. 19:7-10); se dice de sí misma como trigo, que deja semilla y como martillo que quebranta la piedra -es decir, es directa, justa- (Jer. 23:28-29); se proclama a sí misma como La Verdad (Jn. 17:17); ha sido utilizada como testigo de la sana doctrina en el primer siglo (Hch. 17:10-12); es útil para varias cosas y prepara hombres perfecta y eficazmente (2 Ti. 3:16-17); es el testimonio de Cristo en tinta, siendo la máxima revelación de Dios jamás expuesta (He. 1:1-2); es una espada que penetra hasta al alma (He. 4:12-13) y fue/es el Espíritu Santo hablando a nuestras vidas (2 P. 1:20-21). Si todo esto no es suficiente base para demostrar la Suficiencia de las Escrituras en nuestras vidas, nada más lo hará.

Cuando hablamos de que la Palabra more en nosotros, este término es *einokeo* en griego, y significa 'habitar en, hacer morada', algunos textos profundizaron la definición en 'habitar e influenciar en uno'. Este es el objetivo de la Palabra de Cristo, morar en nosotros, influenciarlos; sin embargo, ¿con qué frecuencia? ¿Solamente durante el sermón dominical? ¿en el estudio bíblico? 'en abundancia en vosotros' (*plousiós*) en el original griego se puede traducir como 'ricamente, en una cantidad enorme' y ahí es donde radica el gran detalle, pongamos un ejemplo para entenderlo mejor.

¿Qué distinción hay entre las siguientes dos personas? Persona A dirige un grupo musical radical juvenil de Estados Unidos, dice que tuvo un encuentro personal con Jesús, a quien le preguntó 'cuánto la amaba' después de haber leído su Biblia -lo que significa que no la entendió, de haber entendido la Biblia, no habría hecho tal pregunta-, ella argumenta que entró en éxtasis y fue al Cielo con Cristo y volvió. Desde ese momento, su única fuente de inspiración es su experiencia personal. Por otro lado, Persona B fue un hombre que vivió deliberadamente y sin límite en pecados, buscando respuestas al sentido de la vida, hasta que escuchó a un niño cantando 'tómala y léela'; asumiendo que se refería a la Biblia, la tomó y la leyó desde Romanos. Desde su conversión, se volvió uno de los mejores teólogos y expositores en toda la historia de la Iglesia. Defendió a capa y espada la Suficiencia de las Escrituras.

La enorme diferencia entre Persona A (Kim Walker-Smith) y Persona B (San Agustín de Hipona) es que Kim busca las experiencias con Cristo y Agustín buscó el testimonio de Cristo en las Escrituras. ¿Cuál de los dos buscó correctamente? Jn. 5:39 Sal. 119:11, 97 nos dan la respuesta.

¿Cómo es que la Palabra de Cristo morando en abundancia nos ayuda a vivir piadosamente en la mente? **enseñándoos y exhortándoos unos a otros**. La Biblia es la que nos enseña y nos exhorta, no los pastores, no la congregación, no los hermanos, ¡Su Palabra! Ahora bien, tanto los pastores como la congregación y los hermanos son portavoces de esa enseñanza (1 Co. 3:5-6) y esa exhortación en algunas ocasiones, durante el sermón, durante la consejería. Sin embargo, es en el consejo del Dios Todopoderoso que somos enseñados **en toda sabiduría**.

Esta es la idea central, la Palabra de Cristo morando abundantemente en nosotros no deja espacio a ningún deseo pecaminoso, ni siquiera en la mente; si somos plenos de la Santa Palabra de Dios, no pecaremos contra Dios ni siquiera en nuestros pensamientos.

¿De qué otra manera la Palabra de Cristo mora en abundancia en nosotros? **cantando con gracia en vuestros corazones al Señor**. El canto, la música, la alabanza es una de las expresiones más hermosas que tenemos para honrar y adorar a Dios desde nuestra creatividad artística, creamos cantos e himnos que proclaman a Dios y lo glorifican por quién es y lo que ha hecho (He. 13:15).

Cantar a Dios es un privilegio, (Sal. 136) y es un mandato (Sal. 117). Sin embargo, es necesario recalcar qué se debe cantar y qué no. La alabanza, bajo el concepto bíblico, es proclamar el nombre de Dios, independientemente de que sea por medio del canto o no; sin embargo, en la carta a los Colosenses tocan ese punto en particular; ¿todos los cantos de hoy, llamados 'cristianos', alaban a nuestro Dios? Obviamente, no.

Comparemos el siguiente ejemplo: El canto 'quien dices que soy' sólo menciona una sola vez un atributo de Dios, 'gran Rey'; el resto es una alabanza al humano por ser adoptado por Dios como su hijo; pero recalcamos, no se alaba a Dios, sino al hombre. Un extracto de la letra dice lo siguiente: *Libre soy en Él, libre en verdad, soy hijo de Dios, sí lo soy; libre soy, Él me rescató; Su gracia en mí, aun siendo yo pecador, Él murió por mí.*

Por otro lado, el himno de Horacio Spafford 'estoy bien con mi Dios' -también conocido como 'alcancé salvación'- glorifica la muerte, sepultura y resurrección de Cristo, tomemos los últimos dos versos y el estribillo. *Feliz yo me siento al saber que Jesús libróme del yugo opresor; quitó mi pecado, clavólo en la Cruz, gloria demos al Buen Salvador... La fe tornaráse en feliz realidad al irse la niebla veloz, desciende Jesús con tu gran Majestad, ¡Aleluya, estoy bien con mi Dios! Estoy bien con mi Dios, tengo paz en mi ser, ¡Gloria a Dios!*

Esto no es un argumento a que sólo usemos himnos debido a que el texto diga **con salmos e himnos y cánticos espirituales**; sin embargo, dado que la

Palabra de Cristo debe abundar en nuestra mente, debemos igualmente perseguir aquellos cantos que exalten a Cristo y su Maravillosa Gracia -si, como el himno-, y no sólo cantos tipo 'dos por dos' (dos palabras por dos horas). Si de verdad amamos a Dios, entonces nos agradaremos en la exposición fiel de Su Palabra y claramente nos alegraremos cuando entonemos cantos a Él para exaltarlo sólo a Él.

La instrucción consecuente, realmente es fruto de abundar en la Palabra de Dios; **todo lo que hagáis**, es decir, cada cosa en nuestra vida, **sea de palabra o de hecho, hacedlo todo en el nombre del Señor Jesús**. En otras palabras, como buenos discípulos y siervos de Cristo (Ro. 14:8), tenemos que hacer todo para Su Gloria (cp. 1 Co. 10:31), ese es el propósito máximo de tu y mi vida, servir a Dios incluso con lo que hacemos o decimos. Debemos servir a Dios con una actitud humilde, entendiendo que lo que hacemos es para Su Gloria solamente (2 Co. 5:15).

Aquí entra en juego el pensar postmoderno, puesto que, en tiempos de Colosas, el gnosticismo apoyaba a la exaltación del hombre por 'su conocimiento', apuntaba hacia él, era enaltecido, engrandecido, se le daba un título, se le aplaudía porque él era el poseedor del conocimiento. Pablo, al decir esto, está dando a entender que ninguna gloria se queda para nosotros, sino que todo es atribuido a la Gloria de

Dios.

Hoy, en el postmodernismo, el hombre nuevamente es exaltado por lo que conoce. Muchos caen en el juego de exaltar al hombre creyendo que exaltan a Dios, ¿cómo? Organizando magno-eventos que publicitan a una sola persona, llenando estadios, auditorios e incluso iglesias para ir a ver 'a ese predicador, a ese artista'. Esto no es una vida piadosa en la mente, esto es postmodernismo. Si queremos vivir piadosamente en nuestra consciencia, necesitamos dejar a ver al 'hombre de Dios' y debemos empezar a ver al 'Dios que creó al hombre' (cp. Col. 3:1-4). Una vez que actuemos en pro de dar solamente Gloria a Dios es cuando entenderemos que siempre debemos estar **dando gracias a Dios Padre por medio de Él** (Jesucristo), pues es por medio de Su Obra en nosotros (Ef. 2:10) que somos entendidos en dar dicha gloria por medio de las buenas obras que Él ha predispuesto en nosotros. A Dios la Gloria.

Ejerce una vida piadosa en la familia (3:18-21).

En estos cuatro simples versículos, Pablo entrega cuatro instrucciones muy sencillas acerca de la vida piadosa dentro del núcleo familiar, marido y esposa, padres e hijos. Hay que distinguir algo muy importante, a pesar de que Pablo habla acerca del modelo familiar completo, estos pasajes siguen aplicándose aún si algún miembro de la familia es inconverso, recordando que la Palabra de Dios es perfecta (Sal. 19:7-11). Estudiamos, entonces, los cuatro versos enfocados en los integrantes del modelo familiar.

Primeramente, Pablo instruye a las **casadas**, el núcleo y soporte del varón, quien es cabeza de la familia, a ellas se les dice **estad sujetas a vuestros maridos**. La palabra 'sujetas' es la primera que nos viene a la vista, puesto que podríamos creer que es un verso machista, patriarcal, autoritario, que desprecia de algún modo a las mujeres -basados, pobremente, en el contexto histórico de Roma-; sin embargo, el griego *hupotassó* significa 'obedecer, estar bajo la administración de', el término viene de los vocablos *hypo* que es 'debajo de, bajo' y *tasso* que es 'arreglo o acuerdo'; en otras palabras, el llamado no es a una obediencia ciega y total al marido, como si esta fuera una especie de esclava definitiva, sino que reconozca la autoridad y el acuerdo que Dios tiene entre ambos, dándole autoridad y responsabilidad al hombre sobre su familia, incluyendo a su esposa. Es importante destacar, amados, que esto no habla de lo que Dios piensa del hombre y de la mujer, como si tratásemos de una lucha de poderes, sino de los roles que Dios ha puesto a cada persona dentro de la familia, esto **como conviene en el Señor**; dentro del contexto lingüístico, algunos lo traducen 'como convendría', argumentando que pudo haber problemas de sujeción por parte de las esposas.

La obediencia de la esposa al marido debe de ser consciente y basada en las Escrituras, considerando solamente que no se puede obedecer a una instrucción pecaminosa (Hch. 5:29b). La sujeción de la mujer es reflejada en que funge como el soporte y columna dentro de una familia (Pr. 31:10-31). Es ella quien persevera en el trabajo familiar (v.15), administra las finanzas provistas por el marido (vv.16,18), cuida de su familia (v.21), es quien educa a sus hijos (v.26), es tal su ejemplo que su propia familia la honra y alaba (v.28).

Ante el posible modelo machista que, muchos argumentan, tiene la Palabra de Dios, ella misma aclara que todo modelo 'familiar' que menosprecie a la mujer, la esclavice, la tenga por objeto, no es bíblico (el siguiente verso lo demuestra, ya llegaremos ahí). Igualmente, todo modelo 'familiar' que la exalte por encima del hombre, la vuelva la cabeza de la familia y le quite su responsabilidad y rol de sujeción, tampoco es bíblico; el modelo que Dios estableció es económicamente debajo del hombre, pero moral y espiritualmente completando al marido.

Ahora bien, los **maridos** son igualmente exhortados, ellos deben **[amar] a [sus] mujeres**. El mandato es claro y conciso, e incluso el término es concreto. Pablo utiliza el griego *agapós* que implica el lazo amoroso más fuerte que se pueda describir; este ya había sido descrito antes (Col. 1:8) como el lazo de amor por medio del Espíritu Santo, en Cristo Jesús. En otras cartas, el apóstol ya había descrito este amor (Ef. 5:22-23). Siguiendo la línea que está trazando en el matrimonio, la esposa debe de sujetarse al marido, al mismo que el marido debe de amarla 'como Cristo amó a la iglesia y se entregó a si mismo por ella' (Ef. 5:25).

Cristo, amando a la Iglesia, no fue áspero con ella, por lo tanto, Pablo continúa esta aplicación al decir **no seáis ásperos**. Esta palabra (*pikrainó*) significa 'exasperar, amargar, irritar, provocar al enojo'. En el contexto de Roma, la mujer era tratada como menos que un objeto; simplemente 'servían' para tener hijos; el oficio general de la mujer era la lavandería o la cocina, pero de manera denigrante, puesto que eran forzadas a realizar tales labores incluso pese a la enfermedad, el embarazo o la edad misma. La mujer era considerada menor, incluso inútil en asuntos políticos, económicos y sociales -fuera del núcleo familiar-; el hombre tenía todo el derecho de dejar a su mujer, pero ella era condenada incluso a la muerte si osaba dejar a su marido.

Tratar a una mujer 'como Cristo... a la Iglesia' en el siglo I era todo un reto, porque era darle un lugar, amarla, tratarla bien, con cariño, afecto, cuidado, amor -algo que no se acostumbraba en ese entonces-. Tratar a una mujer 'como Cristo... a la Iglesia' en el siglo XXI es todo un reto también; porque es posicionarse arriba de ella, responsabilizarse por su cuidado y cariño, es velar por ella, amarla, protegerla y guiarla en el conocimiento de Dios. Lamentablemente, la sociedad de este siglo está acostumbrada al término 'igualdad de género', lo cual es un concepto anti bíblico; Dios demuestra en estos dos versos que Él tiene posiciones distintas dentro de la sociedad para los hombres y para las mujeres, pero estas posiciones no hablan de igualdad, sino de equidad, un mismo valor a Sus Ojos y una responsabilidad distinta que velar. No hay feminismo bíblico, no hay machismo bíblico; no existe la teología machista, mucho menos la teología feminista.

El modelo del matrimonio queda también aquí muy bien establecido. No existe el matrimonio igualitario, el matrimonio con objetos o el ahora mal llamado 'auto-matrimonio' -donde uno se casa consigo mismo-, el matrimonio definido por Dios mismo está descrito aquí, un hombre y una mujer.

En siguiente lugar, el Espíritu Santo manda a los **hijos, obedeced a vuestros padres**. El tercer miembro dentro de una familia unida en Cristo es la descendencia, el gran sello del matrimonio. La forma en que un hijo siempre podrá mostrar honra a los padres es por medio de la obediencia (Pr. 1:8). Incluso, la misma obediencia a los padres es, no sólo un mandato, sino una bendición (Ef. 6:1-3; Pr. 1:9). La Biblia no contradice esto con Hch. 5:29b, sino que lo recalca cuando es comparado con Ef. 6:1, donde dice que dicha obediencia debe ser 'en el Señor'.

Dado que Dios mismo presentó este mandamiento, el contexto es general, la obediencia debe ser completa, **en todo**. En la sociedad de Roma no había tanto problema por la parte masculina (obedecer al padre), sin embargo, la obediencia a la figura materna era casi nula, por el contexto es necesario entender que los hijos deben ser obedientes a los padres, porque así lo demanda Dios de nuestras vidas. Desde el s.XX, los movimientos juveniles han promovido un pésimo punto de vista, alentando la deserción familiar antes que la abnegación de los deseos propios. Una cultura juvenil que opta por el consumo de drogas, el libertinaje social y hasta el pensamiento libertino, convirtiéndose en la generación que está pudriendo la moral con ideas postmodernistas. Hoy, el joven es primero, no puede ofenderse, sus ideas son valiosísimas, sus necesidades se anteponen a sus responsabilidades, sus caprichos son más importantes que sus obligaciones, sobre este tipo de personas habla la Biblia comentando que no sufrirán (aceptarán) la sana doctrina (2 Ti. 4:3-4).

La generación de hoy promueve el autoestima, la identidad, canciones donde se alaba al ser humano en lugar de a Dios, filosofías basadas en el ser humano, somos campeones y ganadores. Nada de eso tiene provecho (Col. 2:8) porque no apunta a la Cruz (Col. 3:1). Es por esto que la razón principal, incluso de la obediencia, es que esta **agrada al Señor**. La palabra en el original griego apela a un agrado placentero, una aprobación total y completa por parte de Dios. Él está complacido con la obediencia, se siente agradado cuando un hijo obedece a los padres. La obediencia en toda la Biblia es algo que Dios demanda y se agrada en su cumplimiento (Gn. 22:18; Lc. 11:28; Jn. 14:15; Ro. 12:1; 1 Jn. 5:2-3).

Del mismo modo los **padres**, tienen una responsabilidad con los hijos, se comenta **no exasperéis a vuestros hijos**. El mensaje de Pablo no significa 'no molestar a los hijos' desde el punto de vista de los hijos; en otras palabras, no es un llamado a 'tratarlos con pinzas', sino a no irritarlos o desanimarlos. El griego *erethizó* implica provocar al enojo, llevar a un punto de explosión; sobre esto, parece ser que en Roma se acostumbraba 'jugar con los hijos' en una expresión, haciéndolos enojar por cualquier motivo, lo que parecía causar cierto contento en los padres, pues los entretenía, como si de bufones se tratase. Este comportamiento, claramente, es anti bíblico, y debe ser evitado **para que no se desalienten** los hijos. Motivarlos, darles amor, cuidarlos, es lo que deben hacer los padres.

En el s.I, era costumbre poner al hijo recién nacido a los pies del padre; si éste no era de su agrado, él tenía todo el derecho de aplastarle la cabeza y así matarlo. El contexto a donde Pablo nos lleva es ese, los hijos son un préstamo de Dios, no una extensión de nuestra propiedad para tratarla a voluntad. Es la labor del padre educarlo en la Palabra de Dios, no en exasperarlo. Seamos piadosos como familia y así demos a Él la Gloria.

Ejerce una vida piadosa en la sociedad (3:22-4:6).

Pablo culmina este grupo de instrucciones prácticas con el círculo claro de la sociedad: el jefe con el subordinado. Junto con el texto a estudiar, veremos que diversas corrientes se han levantado contra este modelo social; todos aquellos que privatizan el bien social o aquellos que lo anarquizan. Todos los sistemas sociales humanos son falibles, sólo el modelo bíblico se mantiene infalible en cualquier situación.

Primeramente se le instruye a los **siervos, obedeced**. La palabra para obediencia en este verso es la misma que Pablo utiliza en el v.20 para indicar la obediencia que el hijo debe tener al padre; total. El verso lo aclara, **en todo** y no sólo a Dios, sino **a [los] amos terrenales**.

En una realidad distinta a la bíblica, existen personas que promueven el autoestima ultra humanista y la identidad laboral, reconociendo que las personas somos dignos y capaces de desobedecer a nuestros jefes si es que éstos toman una mala decisión a nuestros ojos (en el más estricto sentido de sentirnos indignos de obedecer por mero gusto). El único caso donde 'todo' deja de serlo, es cuando recibimos una orden para pecar (Hch. 5:29). La afirmación de Pablo sostiene lo anterior de manera concreta, pues debemos obedecer **no sirviendo al ojo, como los que quieren agradar a los hombres**, es decir, no se trata de quedar bien frente a los hombres; en la historia del pueblo de Israel vemos esto por medio de Saúl, quien, por quedar bien con el pueblo, permitió que se tomase botín en Amalec cuando Dios ordenó que no se dejara nada (1 Sam. 15:7-35).

Cualquiera puede decir 'bueno, eso es desobediencia a Dios, ¿cómo la comparamos con la obediencia al amo terrenal?'. A esto, la Biblia comenta que debe ser **con corazón sincero, temiendo a Dios**; su paralelo en Ef. 6:5-6 compara las instrucciones de un jefe con la Voluntad misma de Dios. Y no es que sea lo mismo, sino que estamos bajo una autoridad que ha sido establecida por Dios (Ro. 13:1-5) por lo que, oponerse a los jefes terrenales, es oponerse a Dios mismo.

Al estar nuestras autoridades establecidas por Dios (incluso las civiles), **todo lo que hagáis, hacedlo de corazón**, Pablo usó dos verbos aquí, una mejor traducción podría sugerirse como 'todo lo que hagáis, trabajadlo con todo su corazón y empeño', dando a entender que la labor no puede ser con pereza (cp. 2 Ts. 3:11), de mala gana, sino con voluntad alegre, **como para el Señor y no para los**

hombres. En otras palabras, y siguiendo la línea de Ro. 13:1, las instrucciones que nos dan nuestras autoridades terrenales deben ser acatadas como si vinieran de Dios mismo.

¿Qué podría motivarnos a esto? Principalmente, **sabiendo que del Señor recibiréis la recompensa de la herencia**. Por lo general, se predica que esta frase implicaba que los esclavos eran maltratados y que no recibían buen salario por su trabajo; sin embargo, por el contexto histórico de Colosas, siendo que era capital filosófica en la zona de Laodicea, no es tan sugerible esta interpretación. Contrario a esto, se cree que Pablo escribe esto para motivar a los siervos a que vean que la recompensa no es el dinero que recibirán, sino el testimonio que presentarán a los inconversos de sujeción y piedad para que estos reconozcan a Dios (cp. Col. 3:1-4). Todo esto es por una razón, finalmente, sabiendo que Cristo es nuestro verdadero amo, Pablo les dice que lo hagan **porque a Cristo el Señor servís**. Es decir, el beneficiario final de nuestra obediencia, realmente es Dios, pues glorificamos Su Nombre a través de nuestra obediencia a las autoridades terrenales (cp. Mt. 5:16).

Más el que hace injusticia, refiriéndose a la obediencia parcial, la obediencia por conveniencia, **recibirá la injusticia que hiciere**. En otras palabras,

Pablo está argumentando en contra de las personas que sólo obedecían a sus autoridades porque les convenía. Y, ¿cuántas veces no hemos hecho eso? Estos versos aplican para los empleados, para los que estamos bajo autoridades tanto en nuestro trabajo, como autoridades civiles, por lo que todos caemos en este grupo, debemos servir a Dios, obedeciendo a nuestras autoridades, **porque no hay acepción de personas**, todos estamos incluidos en esto, no hay quien no tenga una autoridad por encima, todos debemos sujeción y obediencia a alguien.

En cuanto a los **amos**, Pablo les manda **[hacer] lo que es justo y recto con [sus] siervos**. Esto viene como una conclusión del verso anterior; dado que la obediencia es imparcial, las instrucciones deben ser igualmente imparciales. Esto no significa que deben ser las mismas, sino que deben ser justas y apropiadas **sabiendo que también vosotros tenéis un Amo en los cielos**, es decir, también reciben instrucciones por parte de Dios. El mensaje que da Pablo, entonces, a la sociedad colosense es uno: 'servimos a Dios como un ejemplo de personas piadosas en un mundo impío'.

Parte de nuestro mismo rol dentro de la sociedad es la oración. Un miembro de la sociedad debe **[perseverar] en la oración, velando en ella con**

acción de gracias. 'Velando' es *gregoreó* en griego y, literalmente significa 'mantenerse despierto'; en otras palabras, no podemos -ni debemos- dejar de orar (cp. 1 Ts. 5:17). Charles Spurgeon decía que 'la oración jamás será un exceso'. Nuestro llamado es a orar y, aún más, con acciones de gracias.

Comúnmente, como sociedad, oramos en petición 'Dios danos, te pedimos, requerimos, necesitamos' y ¿Dónde dimos las gracias por todo lo que ha hecho? Solemos comenzar a orar cuando vemos que Dios no cumple nuestros deseos egoístas, pero, ¿Qué pasó con Job cuando Dios permitió que se le quitara todo lo que tenía? (Job 1:20-22). Nuestra oración debe ser siempre en agradecimiento porque Dios está en control de todas las cosas (Col. 1:3 cp. Dan. 4:35). Aún más, el apóstol añadió **orando también al mismo tiempo por nosotros**. En otras palabras, Pablo igualmente pedía que oraran por ellos como ministros -y así nosotros debemos orar por nuestros pastores y ministros, cp. He. 13:17-18-, y su oración es **para que el Señor nos abra puerta para la palabra, a fin de dar a conocer el misterio de Cristo, por el cual también estoy preso**.

La pregunta es válida, ¿estaba Pablo orando para que fuera liberado de la prisión? Porque, eso puede pasar como un deseo egoísta; pero, no, el siguiente verso aclara que su oración no era por libertad sino por fluidez en su presentación del evangelio **para que lo manifieste cómo [debía] hablar**. En otras palabras, la oración es para entender mejor a Cristo, de modo que sea una predicación centrada sólo en el Evangelio (1 Co. 2:2).

La forma de conducirnos en la sociedad debe ser igualmente piadosa; Pablo aquí argumenta **andad sabiamente para con los de afuera**, refiriéndose a los inconversos. Comúnmente vemos esto de manera aplicada, ¿cuántas veces no han tachado al cristiano de hipócrita, de mentiroso, de falso? Y no viene de un hermano en la fe este comentario, sino de un alma inconversa que ha sido herida por un hermano en la fe, por eso debemos cuidar nuestro comportamiento con ellos (Ef. 5:15; 1 Ts. 4:12). **redimiendo el tiempo**, es decir, aprovechando cada oportunidad que se presenta para servir a otros, incluyendo a los inconversos y a los hermanos.

La forma en que servimos también es muy importante, pues es muy fácil disponer de tiempo, pero con mala actitud; ante esto, Pablo dice que **sea [nuestra] palabra siempre con gracia**, es decir, hablémonos bien, en amor; confrontar, exhortar y amonestar no es sinónimo de enojo, ira o represión, sino de amor (He. 12:6). Nuestro hablar, nuestras palabras deben ser **sazonadas con sal**, de modo que tengan sabor, no sean insípidas; muchos comentaristas suponen que esto está basado en lo que Cristo dijo en Mt. 5:13 y todo esto **para que sepáis como debéis responder a cada uno**, en otras palabras, para que nos refiramos a los inconversos con piedad y así dar un buen testimonio a ellos de que Cristo realmente cambia vidas. Al mismo tiempo, estas respuestas deben ser preparadas (cp. 1 P. 3:15). Del mismo modo, con nuestros hermanos en la fe, debemos ser piadosos y respetuosos, a fin de honrar a Dios en nuestro actuar, ¡a Él la Gloria!

IMPLICACIONES DE UNA VIDA PIADOSA EN CRISTO (4:7-18)

Todo lo que a mí se refiere, os lo hará saber Tíquico, amado hermano y fiel ministro y consiervo en el Señor, el cual he enviado a vosotros para esto mismo, para que conozca lo que a vosotros se refiere, y conforte vuestros corazones, con Onésimo, amado y fiel hermano, que es uno de vosotros. Todo lo que acá pasa, os lo harán saber. Aristarco, mi compañero de prisiones, os saluda, y Marcos el sobrino de Bernabé, acerca del cual habéis recibido mandamientos; si fuere a vosotros, recibidle; y Jesús, llamado Justo; que son los únicos de la circuncisión que me ayudan en el reino de Dios, y han sido para mí un consuelo. Os saluda Epafras, el cual es uno de vosotros, siervo de Cristo, siempre rogando encarecidamente por vosotros en sus oraciones, para que estéis firmes, perfectos y completos en todo lo que Dios quiere. Porque de él doy testimonio de que tiene gran solicitud por vosotros, y por los que están en Laodicea, y los que están en Hierápolis. Os saluda Lucas el médico amado, y Demas. Saludad a los hermanos que están en Laodicea, y a Ninfas y a la iglesia que está en su casa. Cuando esta carta haya sido leída entre vosotros, haced que también se lea en la iglesia de los laodicenses, y que la de

Laodicea la leáis también vosotros. Decid a Arquipo: Mira que cumplas el ministerio que recibiste en el Señor. La salutación de mi propia mano, de Pablo. Acordaos de mis prisiones. La gracia sea con vosotros. Amén.

Los amigos de Pablo -siete hombres que acompañan a Pablo y que demuestran el carácter de Cristo- (4:7-14).

Al final de la carta de Pablo a los Colosenses encontramos salutaciones de los compañeros de Pablo y una serie de instrucciones; analizaremos cada una dentro del contexto, comenzando por los amigos de Pablo, aquellos que lo acompañaban en su misión y que le apoyaron a escribir y enviar las cartas, compartir las buenas nuevas y servir a las iglesias que visitaban. Todos ellos presentan un rasgo de carácter de Cristo y nos animan a hacer las cosas 'como para el Señor'.

Tíquico y Onésimo.

Pablo, para aclarar las posibles preguntas que los hermanos colosenses tenían de él (quizás querían saber de su encarcelamiento), comentó que **todo lo que a [él] se [refería]... lo [haría] saber Tíquico**. Junto **...con Onésimo**, él es llamado **amado hermano y fiel ministro**, la diferencia con Tíquico es que también fue llamado **consiervo en el Señor**. La palabra 'consiervo' deriva del griego *sunduolos*, que se refiere a ser esclavos del mismo amo. La expresión no puede ser mejor, ambos habían sufrido en los diversos viajes a través de Macedonia. **el cual**

he enviado a vosotros para esto mismo; este grupo de frases parece indicar que Tíquico era conocido en Colosas, como un hermano que los frecuentaba; **para que conozca lo que a vosotros se refiere**, implicando que Tíquico volvería a Pablo para informarle el estado de la iglesia en Colosas, muy probablemente por encargo del apóstol.

Esto destaca un punto muy importante en la figura de Pablo que vimos a través de la carta, él se preocupaba por sus hermanos en Cristo (Col. 1:9, 24; 2:1, 6-7; 3:12, 24). Hoy día, tenemos hermanos que no se preocupan por la congregación, rompiendo con el modelo que He. 13:17 nos presenta, pues ellos deben de velar por nuestras almas y aún hacerlo con alegría. ¿Cuántas veces, lamentablemente, nos encontramos al líder de la congregación como un predicador y no como un pastor? Es importante que veamos y sepamos la importancia que tiene el pastorado en nuestra congregación, son ellos quienes alimentan, semana con semana, al pueblo de Dios con alimento espiritual, la Santa Palabra del Señor.

Pablo, entonces, envió a ambos hombres diciendo 'quiero que les digan como estoy, quiero que vuelvan a mi con noticias de ustedes **y [conforten] vuestros corazones**'. Esta última frase que nuevamente nos lleva al deber pastoral, se entiende como 'cuidar de los hermanos'. El término 'conforte' viene del griego *parakaleó* y significa 'invitar, exhortar, animar, hacer un llamado personal'. El pastor, el hermano que cuida de una congregación, no sólo conoce a los hermanos, sino que los anima y exhorta. Hoy día, la pregunta es, ¿cómo es posible que una congregación de miles sea conocida por un solo pastor/anciano? El modelo bíblico apela a la institución de varios ancianos (cp. Tit. 1:5).

En el s.XXI se desató un deseo -aparentemente- por monopolizar a la iglesia local; mega-iglesias como Lakewood Church (52,000 asistentes), Elevation Church (25,000 asistentes), Omega Power Ministries (70,000 asistentes en África), y otras muchas en Latinoamérica/Habla hispana (Casa de Dios, River Church, El Lugar de Su Presencia) son lugares donde los asistentes superan los veinte mil en un solo servicio, ¿cómo un solo pastor va a conocerlos a todos ellos? Durante más de 1800 años, el objetivo de la iglesia siempre fue predicar la Palabra de Dios; sin embargo, ahora parece que sólo se trata de sembrar una iglesia que tenga más de dos mil asistentes.

La tarea de Tíquico sería complementada **con Onésimo**. Onésimo fue durante mucho tiempo, el esclavo de Filemón en Colosas, quien huyó aparentemente por haber robado a Su Maestro (cp. Flm. 1:10) hacia Roma, encontró a Pablo en sus prisiones y fue convertido; Pablo, conociendo su historia lo devolvería a Filemón, junto con las cartas de la prisión (Efesios, Filipenses, Colosenses, Filemón). Considerado igualmente por Pablo como **amado y fiel hermano**, lo identificó como un colosense al decir **que es uno de vosotros**.

Otro punto importante aquí es la honestidad de Pablo; **todo lo que acá pasa**, dice el Apóstol, quizás refiriéndose a los asuntos de la iglesia de Roma o incluso la situación de salud de algún hermano, **os lo harán saber**. La transparencia siempre caracterizó el ministerio de Pablo. En diversas ocasiones, la iglesia no ha demostrado esto a través de la historia. Hoy día, no tenemos ningún acceso a las finanzas del Vaticano; la iglesia de Jesucristo de los Santos de los Últimos Días no revela información alguna, salvo videos informativos; los Testigos de Jehová no han presentado datos sobre sus finanzas al gobierno en años. La enseñanza es clara; Pablo estaba mostrándoles a sus hermanos que no tenía nada que esconder, la iglesia local debe ser igual. El ejemplo bíblico sucedió en el primer siglo, con Pedro juntando recursos de la Iglesia para ayudar a los necesitados (Hch. 4:32-37).

Aristarco, compañero de prisiones

Pablo contó con **Aristarco**, un macedonio, quien estuvo con él en el alboroto en Éfeso (Hch. 19:23-41). Este simple acontecimiento nos comenta una cosa, Pablo y Aristarco eran cercanos. Entendemos que probablemente Aristarco se unió a Pablo en el tercer viaje misionero, unido desde Tesalónica, pasando por Berea y Atenas. Este hombre pudo haber llegado a ser muy cercano a las misiones con Pablo como en algún momento lo llegó a ser Bernabé. Esto debido a que lo nombra como **mi compañero de prisiones**.

En Roma, a los prisioneros les era permitido pasar sus crisis con un acompañante cercano, pariente o amigo y su médico personal. Por esta razón, y bajo el argumento que Pablo utiliza para presentarlo, entendemos que Aristarco fue ese compañero que Pablo escogió para ser su compañero en la celda. La lección queda más que clara y la aprendemos en toda la Biblia, esto es una verdadera amistad, en las buenas y en las malas (cp. Pr. 12:26; 17:17; 18:24; 27:17).

La enseñanza de Aristarco a nuestras vidas es esa, se mantuvo firme por la causa de Cristo, y fue leal a su amigo de misiones; Aristarco fue un hombre que tomó cada oportunidad para mostrar su amistad a Pablo y lo hizo. No buscó su renombre dentro del contexto de la misión, sino que se mantuvo sujeto a la autoridad del Apóstol y presto para servir a Dios ante cualquier situación. Lamentablemente, muy pocos 'Aristarcos' se han levantado hoy en las iglesias, siendo que todos buscan tomar el poder a una. Iglesias van y vienen, se dividen, crean disputas, denominaciones, pleitos, contiendas y todo por un poco de fama. Pablo denunció esto desde un principio y, en su mayoría, a la Iglesia en Corinto (1 Co. 1:10-13; 3:4-6). El compromiso y amor de Aristarco por los colosenses, al saber igualmente de la situación consiguió la mención en la epístola, puesto que él **[los] saluda**.

Marcos y Jesús, los judíos que creyeron.

El apóstol tuvo dos amigos más que lo acompañaron en Roma. Estos hombres tenían una característica especial, eran judíos de sangre, israelitas, sus raíces llegaban a Abraham el patriarca. En contexto, el ser un judío que cree en Cristo era tan traición como aquellos que adoraban a los dioses de Roma. Pablo los llama hermanos y ahora veremos por qué.

Marcos, el sobrino de Bernabé tuvo varios episodios en la historia de la iglesia del s.I; sin embargo, este no fue el peor de todos. Marcos vivía en Jerusalén (Hch. 12:12) cuando fue reclutado por su tío para acompañar a Pablo en su misión a

Antioquía (Hch. 12:25); durante una parada en Chipre donde Pablo señaló a Elimas el mago y quedó ciego, Marcos vivió la confrontación que le esperaba -muchos comentaristas argumentan que se asustó y- llegando a Perge (Hch. 13:13), se alejó de la misión, desertó. Tiempo después, Pablo y Bernabé tendrían una fuerte discusión debido a si llevaban a Marcos o no de nuevo (Hch. 15:36-41). En este punto es donde Lucas pierde pista de Marcos y no sabemos, históricamente, más de él; salvo que acompaño a Pedro en mucho (1 P. 5:13), a tal grado esto, que muchos argumentan que Pedro es el autor del Evangelio según Marcos, puesto que de él aprendió.

Ahora bien, Marcos vuelve a la causa de Cristo y comienza, junto con Bernabé a visitar las iglesias (Hch. 15:40-41), de ahí que Pablo comente que él es **acerca del cual habéis recibido mandamientos**. Esto es importante por una razón, Pablo consideraba útil el ministerio de Marcos. En la sociedad actual, las iglesias procuran todo lo contrario, aislar a la congregación exclusivamente a la enseñanza bajo ese ministerio, esto es sectarismo y es muy peligroso. En su afán por crecer, las iglesias han optado por descalificar el ministerio de otros hermanos porque 'ahí no hay milagros', 'ellos no tienen fe', 'sólo se dedican a leer y ya'; este tipo de argumentos dividen al cuerpo de Cristo y, peor aún, dan una pésima imagen externa a los inconversos.

Pablo amó a Marcos, al grado que le comentó a los colosenses que **si fuere a vosotros, recibidle**. Claramente, Pablo entendía el bien que les haría a los hermanos que otro hermano en la fe los visite para exhortarle las mismas palabras a los hermanos, por una simple razón: Si es un cristiano auténtico, hablará las mismas cosas (1 Co. 1:10; Ef. 4:4-6). De esto aprendemos algo, debemos tener cuidado si en las iglesias no aceptan que visitemos otros ministerios o los 'desmienten'. Esto, comúnmente llega a ser señal de 'apetito por el número'. Claro está, esto no significa que esté mal denunciar falsos maestros y sus enseñanzas (de otro modo, las cartas de 2 Pedro y Judas serían anti bíblicas y Jesús habría errado al denunciar a los fariseos en Mt. 23) pero sí es incorrecto 'echar tierra' cuando son auténticos y simplemente no queremos que su ministerio crezca o sea visitado por los hermanos, eso es egoísmo y exclusivismo. Argumentos como 'en ningún otro lado enseñan esto', 'allá plagiaron nuestras enseñanzas', 'ellos lo enseñan de otro modo' son ejemplos del peligroso acontecer de las iglesias sectarias.

El otro judío, **Jesús llamado Justo**, era el segundo acompañante de la misma etnia. Pablo no se refiere a Cristo; de hecho, Jesús era un nombre común en el primer siglo, sino a un compañero misionero quien lo visitó en Roma, junto con Marcos, **que son los únicos de la circuncisión que [lo ayudaron] en el reino de Dios'**, es decir, en la obra evangelística, **y han sido para mí un consuelo**, según las mismas palabras del apóstol. La palabra 'consuelo' aquí, en el original griego (*parégoria*) significa 'ánimo, comodidad'. En otras palabras, Pablo se gozaba de que hombres con un pasado en las raíces judías han creído en Cristo. Esto es muy importante debido al contexto en el que Pablo se movió, puesto que, después de compartirle a los judíos exclusivamente, salió de Jerusalén a anunciar a los gentiles el Evangelio de Cristo -pese a la incredulidad de los mismos judíos-.

Junto con esto, es probable que, en visita, tanto Marcos como Justo le dieron buenas noticias del anuncio del Evangelio en Chipre y el resto de Asia al apóstol. Esto nos indica claramente el gozo que debemos tener por otros ministerios que hacen la misma obra que nosotros, puesto que la Gloria es sólo para Cristo (1 Co. 1:31).

Epafras, el solícito.

Pablo continúa su exposición de sus amigos con un hombre especial, **os saluda Epafras**, un hombre con diversas cualidades que nos ayudan a entender quién es un pastor ejemplar. Recordamos que

Epafras probablemente fue el pastor de Colosas, Pablo lo identifica como **uno de vosotros**, cuando viaja a Roma para presentar al apóstol el caso de su congregación. Entonces vemos en él características de un pastor conforme al estándar de las Escrituras.

Como buen ministro, Epafras es presentado como **siervo de Cristo**. Nos volvemos a encontrar con la palabra griega *duolos* que es traducida como 'esclavo'; ahora bien, para entender a qué se refiere Pablo con 'esclavo', hay que entender la esclavitud en Colosas.

Colosas se manejaba por el sistema social grecorromano, donde un esclavo era 'una propiedad'; los amos tenían todo el derecho de liberar, asignar tareas, comandar, explotar, torturar, violar o hasta matar a sus esclavos. Los esclavos tenían derecho solamente a obedecer a su amo y servirlo en tanto él lo quisiera. Este es el concepto que Pablo da de alguien que está a los pies de Cristo, alguien que deja la esclavitud del pecado (Jn. 8:24) para encadenarse a las palabras del Maestro, del Salvador. La vida de estos hombres consistía en eso, ir y predicar, como si fuera un mandato de Cristo mismo, aunque, ¡lo es! (cp. Mt. 28:19-20; Mr. 16:15; Lc. 24:46-47; Jn. 20:21; Hch. 9:15-16). Estos hombres entendían que su Amo les estaba dando una instrucción, predicar, y eso fue lo que hicieron.

Ahora bien, todos podemos ser 'siervos de Cristo', pero entendemos que él -Epafras- era el obispo/pastor de Colosas, ¿Qué era ser obispo? ¿Qué responsabilidades conlleva? Pablo dejó muy clara la labor pastoral y, junto con el autor de Hebreos, dieron pautas del oficio en tanto a requisitos y obligaciones. Con respecto a los requisitos Pablo nos presenta, 1 Ti. 3:1-7 indica que los pastores deben ser: *Irreprensibles*. No quiere decir que no pequen, sino que, estén arrepentidos por sus pecados y éstos no sean habituales, de modo que, no se le llame al arrepentimiento. *Marido de una sola mujer*. Esto de acuerdo al ser modelo a la iglesia, el pastor no necesariamente debe de estar casado; pero de serlo así, debe ser en su primer y único matrimonio. *Sobrio*. Esta palabra en específico se puede traducir como temperado, libre de influencias negativas. En su debido contexto, Pablo exhorta a Timoteo a que al anciano que establezca debe de tener una mente limpia. *Prudente*. Un término que conocemos hoy por su aplicación en la vida diaria; se trata de poder limitarte a ti mismo en habla para meditar en la mejor decisión frente a cualquier obstáculo. *Decoroso*. La mejor traducción señala 'ordenado, honesto'; dentro del margen de un pastor, es necesario que sea una persona que mida sus tiempos, su trabajo, que tenga bien administrado todo cuanto rodea su vida. *Hospedador.* Muestra amor por aquellos que vienen a aprender de la Palabra de Dios; es buen anfitrión. *Apto para enseñar.* Este es un don del Espíritu, puesto que no todos podemos enseñar como los grandes maestros a través de la historia; el hombre que desea el pastorado (1 Ti. 3:1) debe ser capaz de enseñar, todos los pastores son maestros, no todos los maestros son pastores. *No dado al vino.* Y si entramos en el contexto, a ningún vicio en específico. *No pendenciero.* En otras palabras, peleonero, que busque solamente debatir. Muchos han llegado a pensar que un apologista cae siempre en esta actitud; sin embargo, 1 Ped. 3:15 nos aclara la enorme diferencia entre pelear/debatir y presentar defensa con mansedumbre. *No codicioso de ganancias deshonestas.* Es decir, el pastor no debe ser pastor porque recibirá un sueldo o algo similar; todo lo contrario, debe ser amable, apacible, en resumen, no avaro.

Y podríamos continuar con la lista de los requisitos del pastorado, pero sus funciones son claramente descritas a través de todo el NT (Hch. 6:4, He. 13:17-18). Sin embargo, Pablo mismo dentro del pasaje nos da una exposición de uno de los hábitos de Epafras como pastor de Colosas (cp. Col. 1:7-8), **siempre rogando encarecidamente por vosotros en sus**

oraciones. 'Rogando encarecidamente' es una expresión que ya habíamos estudiado con anterioridad, *agonizomai* y significa 'pelear con contención, luchar con fervor'; en otras palabras, Epafras contendía en oración por sus hermanos y hermanas en Colosas; su oración, en otras palabras, era en intercesión por los hermanos de la congregación. Epafras estaba demostrando en ese momento algo que todo debemos mostrar, amor hacia al prójimo en nuestras oraciones. Comúnmente, creemos que el modelo de la oración es individual (te pido para mí; te ruego por mí; te agradezco por mí...) y centrado en uno, pero incluso el mismo Jesús oró por sus discípulos (Jn. 17). El amor hacia otros debe estar demostrado en nuestras oraciones por los demás también.

El objeto de la oración no era para que los hermanos tuvieran riquezas, salud, bienestar, no los persiguieran, no sufrieran penas ni dolores, que reclamaran cosas celestiales en la tierra o alguna otra barbarie que se enseña en el s. XXI; Epafras oraba por sus hermanos **para que [estén] firmes, perfectos y completos en todo lo que Dios quiere.** Este es un claro ejemplo de Mt. 6:10, Jesús no ora por cosas materiales en su vida, salud para siempre, prosperidad financiera o algo similar; Cristo ora al Padre para que Su Voluntad sea hecha, es decir, lo que Dios quiere. Epafras pide por firmeza, *sistémico* es el vocablo griego y tiene más de siete significados, pero, el más cercano a la idea que dan los traductores es 'reposar'. Epafras, en otras palabras, estaba orando para que los colosenses reposaran en la Voluntad perfecta de Dios. Ciertas veces sucede eso; como cristianos, olvidamos que nuestro Padre que está en los Cielos tiene control sobre todas las cosas. Tendemos a 'atar y desatar', 'declarar y decretar' cuando Dios mismo refrenda con nosotros su Suprema y Absoluta Voluntad y Soberanía con todos y para todos (Dan. 4:35). Con respecto a estar 'perfectos y completos', parece ser que apunta a lo que Pablo estuvo presentando durante toda la carta, esto es, entenderse plenos en Cristo Jesús (cp. Col. 1:28, 2:2, 3:14). Y, nuevamente, esto es confiar plenamente en Dios, pues es Su Voluntad todo lo que Él quiere.

Epafras fue descrito por Pablo como alguien fiel, **porque de él [da] testimonio de que tiene gran solicitud por [ellos]**. Los manuscritos más antiguos lo describen como 'gran trabajo'; el griego *zelos* es un distintivo de que la 'solicitud' puede traducirse también como 'en defensa de', algunos diccionarios recomiendan 'ardor o celos por'. En conclusión, Epafras estaba muy ocupado, trabajando en oración y esfuerzo humano por los miembros de la iglesia en

Colosas, **y por los que están en Laodicea, y por los que están en Heriápolis**.

Esto sugiere una segunda implicación; el ministerio del misionero no debe ser una carrera turística global, sino un discipulado continuo en las diversas localidades donde se establecen iglesias. A esto, muchos comentaristas añaden que probablemente Epafras fue quien fundó las iglesias de Laodicea y Heriápolis, estableciendo ancianos en cada una (Tit. 1:5). Pablo siguió esta implicación pues, cuando realizaba sus viajes misioneros, era para visitar las iglesias previamente fundadas y seguir ministrando allí (cp. Hch. 15:36).

Lucas, el médico/historiador amado.

Lucas fue el médico personal de Pablo, considerando el contexto en el que el Apóstol escribe la carta, **os saluda Lucas el médico amado**, desde una prisión, acompañado por su mejor amigo, Aristarco y su médico, Lucas. Sin embargo, Lucas es reconocido por su excelsa exactitud histórica al relatar todo el evangelio y los hechos de los apóstoles; sin duda alguna, es un ejemplo de un cristiano que se dedicó en cuerpo y alma al Señor después de su conversión (Hch. 16:10).

Lucas muestra, por implicación, un amor profundo con aquél le compartió de la Palabra de Dios y lo acompañó en una amistad que continuó hasta la muerte de Pablo. En 2 Timoteo 4:11 se muestra como Lucas lo acompañó hasta el último momento. Lucas aquí es un receptor del amor de Pablo, amor descrito en Col. 1:8, donde incluso otros escribieron su relevancia (cp. Jn. 13:34). Pablo sentía profundo amor por su amigo, como nosotros debemos sentirlo por los nuestros. Esto lo recordamos entre Lucas y Aristarco, hombres que, por amor, sufrieron las prisiones con su amigo.

Demas, el único en la lista sin un honorable.

Demas. De este hombre conocemos poco y mucho a la vez. Demas fue un colaborador de Pablo en un principio (Flm. 1:24), probablemente convertido en Macedonia y, por miedo a morir junto con Pablo (2 Ti. 4:6), se alejó yendo a Tesalónica. No sabemos si realmente apostató de la fe por los comentarios de Pablo, aunque muchos teólogos -y la tradición- llegan a la conclusión de que sí. Esto tiene una implicación clara y, junto con ella, una advertencia severa; debemos ser cuidadosos de nosotros mismos y de la doctrina (1 Ti. 4:16), porque esto nos permitirá mantenernos en el camino y no apostatar (2 P. 2:1-2).

Es una oportunidad enorme la que tenemos en encontrar un pasaje así, donde se nos llama a ser como los amigos de Pablo (quizás no por instrucción, pero sí en implicación) que, al mismo tiempo, son un reflejo del carácter fiel (Tíquico y Onésimo), amistoso (Aristarco), confiados (Marcos y Jesús el Justo), solícitos (Epafras) y asimismo a no ser como Demas, estando siempre dispuestos a sufrir por causa del Nombre (cp. Hch. 5:41) pues, Cristo mismo nos dijo que esto nos es de llamarnos por bienaventurados (Mt. 5:10-12) sólo a Él la Gloria.

La belleza de la iglesia local -cuatro aspectos de una iglesia local sana- (4:15-18).

Llegamos al último bloque, las últimas palabras de Pablo a la iglesia que estaba en Colosas; este hombre que estaba en prisión (Col. 1:24; 2:1) y probablemente esperando su muerte (Col. 4:7) tenía unas últimas palabras que dar a los hermanos 'santos y fieles'; estas palabras son relacionadas a la iglesia local. Comúnmente escuchamos este término, pero, ¿a qué se refiere la iglesia local? Según un artículo de IXMarcas, es un 'grupo de cristianos quienes regularmente se reúnen en nombre de Cristo Jesús para afirmar y supervisar los unos a los otros en su membresía en Cristo Jesús y su reino a través de la predicación del evangelio y las ordenanzas'. Es necesario entender esta definición para que pueda uno entender el contexto de las instrucciones dadas.

La iglesia del primer siglo se reunía en casas de los hermanos en la ciudad; solían cambiar los lugares de reunión cuando eran descubiertos o alguno de los congregados quedaba preso, para no comprometer la reunión e integridad de los otros hermanos. Contrario a esto (y lo veremos durante el estudio), las mega iglesias han cambiado el concepto de la congregación, pasando de veintenas a millares y de las decenas a los cientos de miles; igualmente, los múltiples ancianos fueron reemplazados con un matrimonio o incluso una sola persona; lo cual es más que peligroso. La iglesia local no estaba definida así en el primer siglo, a través de las últimas instrucciones paulinas encontramos una definición de la bella iglesia local, la iglesia de Cristo.

La iglesia local es cercana unos con otros.

Pablo comienza solicitando un saludo, en específico, **a los hermanos que están en Laodicea**. El griego *aspazomai* indica una bienvenida, un saludo cordial a los hermanos de Laodicea; probablemente debido a que, al ser ciudades comerciales, los hermanos solían moverse mucho de Colosas a Laodicea y, por conclusión, visitar ambas iglesias constantemente. Esto vuelve a darnos un ejemplo de fraternidad y nos permite entender una implicación; las iglesias locales, aunque son independientes las unas de las otras, se comportan como una al predicar exactamente lo mismo (1 Co. 1:10; 1:21; 1:23; 2:2).

La iglesia local es bella en la esencia de ser hospitalaria, tal como Cristo lo fue y dar la bienvenida a quien guste escuchar el mensaje de la Cruz, tal como Cristo lo hizo; y mantiene fraternidad con los hermanos de otras congregaciones, no buscando lo suyo propio (cp. Fil. 2:4).

El saludo, igualmente, se extiende **a Ninfas y a la iglesia que está en su casa**. Ninfas probablemente era una viuda en Colosas, con una casa lo suficientemente grande (con un patio interno) para albergar una reunión de predicación y oración allí. Recordamos que uno de los ministerios de la iglesia en ese momento era el servicio a las viudas, siendo ellas necesitadas (Hch. 4:34-37; 6:1-4). Esto nos lleva a una pregunta en particular, ¿la iglesia donde estamos ayuda a los necesitados? ¿Apoya a los misioneros? ¿Ofrece despensas y apoyo económico a los desempleados? ¿Ofrenda a los que no tienen? (cp. Fil. 4:10-11) Si no lo hace, debemos ser cuidadosos, porque no sabemos, entonces, a dónde van esos recursos. La iglesia está para apoyar a los hermanos; no somos unos comunistas, coexistencia, utópicos, perfectos, sin mancha en cuanto a obras por la iglesia; pero, al buscar ser como Cristo (Ef. 4:13), mostramos ayuda hacia los demás (1 Ts. 5:14-15); es imprescindible que mostremos amor a los demás a través del apoyo, no sólo económico, sino en oración y compañía. Solamente unos versos antes vimos como Pablo mismo recibió este apoyo en el ministerio cuando comentó que Aristarco estaba con el como su compañero de prisión (cp. Col. 4:10). Ese es el tipo de cercanía que deja la iglesia local. Imaginemos una mega iglesia con miles de asistentes por domingo, ¿cómo será posible tener cercanía los unos con los otros en dicho lugar? ¿Acaso se podrá orar por todos los miembros por nombre y apellido? La respuesta es obvia y nos debe llevar a meditar si el concepto de la mega iglesia es correcto o no.

La iglesia local cuida los unos de los otros.

 Ahora, Pablo da una instrucción clara acerca de la carta leída; comenta que **cuando esta carta haya sido leída entre [ellos]**. Antes se acostumbraba leer las cartas enfrente de toda la congregación, para que todos pudieran escuchar el mensaje que se estaba compartiendo. De cualquier modo, lo tradicional es que el escriba de la ciudad hiciera una copia para futuras consultas y se circulara el autógrafo (el original), **haced que también se lea en la iglesia de los laodicenses, y que la de Laodicea la leáis también vosotros**. Esto conlleva varias implicaciones que podemos destacar.

Primeramente, que Pablo, en efecto, cuidaba de los hermanos en Colosas. Esto es importante porque lo hemos visto a través de toda la carta; el cuidado de Pablo por la iglesia de Colosas (aunque no la visitó) es muy impresionante (cp. Col. 1:9, 21, 24-25; 2:1-2,

8, 16; 3:1, 14; 4:7-8) a través de toda la carta podemos ver como es que él esperaba su lectura frente a la congregación para animarlos, exhortarlos y reconfortarlos. Asimismo, la iglesia local debe de cuidar a sus miembros, exhortarlos en amor -lo cual veremos en la siguiente característica- y enseñarles correctamente la Palabra de Dios. Incluso, sobre este punto, Pablo anima a que otra carta sea leída para que aprendan aún más de la doctrina de Cristo.

En segunda, la Iglesia está comprometida a leer y entender la Palabra recibida (Jn. 5:39). Y esto no aplica solamente a la iglesia del primer siglo, ellos tenían una copia de la epístola para la congregación; hoy, tu y yo tenemos una (o más) copia de cada epístola en nuestras casas, escuela, trabajo, incluso tenemos acceso a ella a través de internet o en nuestros dispositivos móviles; si recibimos la Palabra de Dios escrita (Heb. 1:1-2) es nuestro deber leerla y comparar cada enseñanza con ella para saber si es cierta (Hch. 17:10-11).

Por último, que la iglesia está capacitada para poder seguir estudiando la Palabra. Una vez terminada la lectura de la primera carta, continuaban con la segunda y seguían estudiando y aprendiendo de la Palabra de Dios (Sal. 119:97). Como paréntesis, muchos creen que la carta de los laodicenses puede ser la carta a los efesios (debido a que Efesios fue una epístola circulatoria); sin embargo, varios bibliólogos y teólogos han concluido que son epístolas distintas; hay incluso una traducción latina de una supuesta 'Carta a los laodicenses' pero se ha descartado por su extremo similar literal con Filipenses y, finalmente, con la intención de 'llenar el vacío de Colosenses 4:16'.

La iglesia local ofrece y recibe amonestación amorosa de los hermanos.

Pablo manda **[decir] a Arquipo: Mira que cumplas el ministerio que recibiste en el Señor**. Esta es una afirmación importante que tiene dos implicaciones importantes.

La amonestación amorosa en público es correcta y bíblica; Por lo que parece, Arquipo no estaba cumpliendo su ministerio y fue amonestado según el orden de Mateo 18:15-17. Podemos entender que Arquipo fue amonestado por algún hermano, luego frente a testigos y en ninguno de los casos decidió aceptar la amonestación; por esta razón, Pablo hace la misma frente a la iglesia local y solamente frente a la iglesia local. Como creyentes, debemos entender que la amonestación, el llamado al arrepentimiento, es lo más amoroso que podemos hacer por aquellos que siguen sin cambiar sus hábitos. Dejar a una persona en sus hábitos incorrectos no es amarlo como Cristo lo amó, pues Cristo lo llamó al arrepentimiento (Mt. 4:17).

Desconocemos si esta amonestación debía ser leída en Laodicea o no, aunque, conociendo que Arquipo servía en casa de Filemón (Flm. 1:2), es muy probable que sí, puesto que podríamos asumir que Arquipo viajó igualmente a las iglesias de Laodicea y Heriápolis a ministrar con Epafras u Onésimo.

Es necesario que, así como Arquipo recibió amonestación amorosa, nosotros recibamos amonestación y exhortación amorosa por parte de nuestros hermanos; la disciplina en la iglesia no es mala, es bíblica. Casos hay de disciplina dentro de la biblia que lo demuestran (cp. 1 Co. 5:1-13; 2 Co. 2:5-8). Otra implicación que esto tiene es que, así como Arquipo, nosotros debemos de cumplir en ministerio que se nos fue encomendado; siendo el 'más básico' -por decirlo de algún modo- Mt. 28:19-20 y los diversos ministerios dentro de la iglesia local, dependiendo de las necesidades (Hch. 6:1-5).

La iglesia local ora los unos por los otros.

Pablo confirma todo lo que dijo de principio a fin, dictado. ¿Cómo sabemos que fue dictada? Porque finalmente, la carta termina anunciando que **la salutación [es] de ...propia mano**, en otras palabras, Pablo dictó todo salvo esta parte. Fuera de ahí dejó una petición de oración y una bendición final. Primeramente, mandó **[acordarse] de [sus] prisiones**. *Mnemoneuó* es la palabra griega para 'acordaos' e implica 'tener siempre presente, llevar siempre en la mente'; Pablo pide a los colosenses que siempre lo lleven en sus oraciones, así como él los lleva en las suyas (Col. 1:9). Del mismo modo, nosotros debemos estar constantemente orando los unos por los otros (1 Ts. 5:17). Sorprendentemente hay iglesias locales que no lo hacen.

La carta concluye con la frase que caracteriza a las paulinas, **la gracia sea con vosotros. Amén**. Al principio parece una despedida común de Pablo -y vaya que lo era- pero también era una bendición que él dejaba para la iglesia. ¿Qué significa esto? Que él deseaba que esa misma gracia que Dios tuvo con el apóstol, viva en cada creyente de Colosas; Pablo no hace nada místico, sino que refleja, de cierto modo, el deseo de sus oraciones, que sean reconfortados sus corazones por medio de la Gracia de Cristo Jesús.

Jamás habrá palabras para definir la belleza del diseño de Dios en la iglesia local; sin duda alguna, Él nos permite congregarnos para ser edificados en amor, aprendiendo unos de otros y siendo exhortados y amonestados en amor, para alcanzar la estatura de Cristo, avanzando en el aprendizaje de Su Palabra y poniéndolo en práctica para con el prójimo. Sólo a Dios la Gloria.

FUENTES DE CONSULTA

Como sabrán, un comentario no se realiza solo, mucho menos se fundamenta en las conclusiones de una sola persona. En el caso de este comentario, utilicé varios recursos que quisiera enlistar para que ustedes los puedan leer por su propia cuenta, todas son lecturas recomendadas.

- Henry, M. (2012). *Comentario bíblico Matthew Henry: Obra completa sin abreviar.* (3a ed.). Clie.

- Barry, J. D., Mangum, D., Heiser, M. S., & Brown, D. R. (2017). *NIV, Faithlife Study Bible: Intriguing Insights to Inform Your Faith.* Zondervan.

- MacArthur, J. F. (2016). *El manual bíblico MacArthur: Un Estudio Introductorio a la Palabra de Dios, Libro Por Libro* (Illustrated ed.). HarperCollins.

- MacArthur, J. F. (2016). *El manual bíblico MacArthur: Un Estudio Introductorio a la Palabra de Dios, Libro Por Libro* (Illustrated ed.). HarperCollins.

- Grudem, W. A. (2007). *Teología sistemática: Una introducción a la doctrina bíblica.* Vida.

- *Biblia Paralela.* (2008). Biblia Paralela. https://

<u>www.bibliaparalela.com</u>.

Igualmente, agradezco a todos y cada uno de los que hicieron posible esta obra, puesto que los consulté en varias ocasiones para realizar preguntas respecto a versículos, pasajes con algún reto de interpretación o, incluso, para confirmar el bosquejo de algún sermón.

www.ingramcontent.com/pod-product-compliance
Lightning Source LLC
Chambersburg PA
CBHW070821170726
48000CB00019B/1655